LA VÉRITÉ
BIBLIQUE RÉVELE

Le Retour De Christ

Roseline Gaston Rabouin

T0105694

ISBN: 978-1-4497-5764-9 (sc)
ISBN: 978-1-4497-5766-3 (hc)
ISBN: 978-1-4497-5765-6 (e)

Library of Congress Control Number: 2012919620

WestBow Press books may be ordered through booksellers or by contacting:
WestBow Press
A Division of Thomas Nelson
1663 Liberty Drive
Bloomington, IN 47403
www.westbowpress.com
1-(866) 928-1240

Bible Écritures prises de Louis Segond qui est dans le domaine public

Pour toute information veuillez contacter:
Roseline Gaston Rabouin
P.O.BOX . 120643
Fort-Lauderdale FL. 33312
knowingyourbible@live.com
Phone: 954-804-1299
Facebook: bibletruthrevealed
youtube : bibletruthrevealedbyroseline

Printed in the United States of America

WestBow Press rev. date: 5/20/2013

Index de Sujets

Préface

Roseline Gaston Rabouin, dame missionnaire, femme comblée de sagesse, d'amour et d'humilité, servante dédiée au service du Seigneur.

Engagée aux études et recherches bibliques, elle dédie une bonne partie de son temps dans les Saintes Écritures. Essayant de mettre à découvert avec l'aide du Saint Ésprit les dernières prophéties bibliques, qui étaient scellées selon la volonté de Dieu pour la fin des temps, comme Il a ordonné à Daniel et à Jean, Ap.22:6-10.

Cet ouvrage est donc pour vous aider à discerner clairement la volonté de Dieu, son plan qu'il a eu dès la création du monde.

Utilisez ce livre accompagner de votre Bible au cour de votre étude, afin de vous aider à mieux comprendre la vérité qui s'y trouve, où abonde la parole de Dieu.

Ainsi, ce livre est au service de tous ceux qui s'intéressent et croient comme la Bible dit dans Jean 3:16.

Encore une fois, cet ouvrage est mis à votre service; profitez-en pendant qu'il est encore temps!

Son frère bien-aimé
Wilhelm Gaston

NOTES

Introduction

Je glorifie le nom du Seigneur Jésus qui m'a utilisé pour faire ce travail avec l'aide du Saint Ésprit. Ce livre est désigné pour aider aux lécteurs à comprendre les dernières prophéties bibliques.

J'ai reçu l'instruction du Saint Ésprit pour écrire trois livres: Étude Biblique Personnelle en Anglais et en Créole en l'année 2000, Réveil Spirituel Universel en Français et en Anglais l'an 2007, Les Secrets Révélés de la Bible sur CD en Français et Créole, 2009, Et maintenant, 2011: La Vérité Biblique Révèle Le Retour de Christ, Il est aussi en Englais. Ils sont tous des études bibliques, des compilations de textes tirés de la Bible, dans lesquels je réserve le droit de faire passer mon opinion à la place de la parole de Dieu, ce que le Seigneur Dieu condamne, Jé.23:28-3; 2 Jn.:9-11; Ap.22:18,19. Car la parole de Dieu est la vérité dit Jésus Jn.17:17-19. La vérité est indiscutable, nous devons seulement étudier la Bible pour avoir la connaissance, et connaitre la volonté de Dieu, car c'est là-dessus que basera notre jugement au dernier jour. Os.4:6; Jn.12:48; Act.17:30,31.

Personne ne peut empêcher la réalisation du plan de Dieu. Satan a provoqué la malédiction sur l'homme par sa désobéissance, qui est la cause de la perte des hommes, et même de la souffrance et le sacrifice de Jésus pour nous, mais le plan que Dieu avait dès la création du monde dans le paradis terrestre demeure inchangé. C'est ce qui se réalisera au retour du Christ, pendant le règne millenaire sur la terre. Ap.11:15-17; 1Co.2:9-13.

Comme nous voyons dans la Bible, Dieu utilise des gens méprisés du monde pour acomplir sa volonté, car Il ne regarde pas sur le présent pour déterminer l'avenir, afin que personne ne se glorifie devant Dieu.

Le Seigneur Dieu m'a utilisé venant d'une famille de 11 enfants dont je suis la dernière fille, et la première convertie, choisie à apporter sa parole et tout le reste de la famille s'en suit. Il m'a donné la mission de révéler les dernières prophéties de la fin des temps qu'Il a ordonné à Daniel de tenir en secrets et sceller jusqu'aux temps de la fin. Da.12: 4,9,10, et à Ésaie: És.6:9,13; És.29:9,14. Jésus a répété la même prophétie dans Mat.13:13,15 et Paul dans Romain 11:8. Ces prophéties sont dévoilées maintenant avec la puissance du Saint Ésprit, et l'autorisation du sang de Jésus parce que nous sommes aux temps de la fin .

Que le Dieu Tout-Puissant au nom du Seigneur Jésus ouvre les yeux, et touche la sensibilité des lécteurs dans cet ouvrage, afin qu'ils puissent dicerner le méssage du salut de Dieu qui s'y trouve, et qui changera non seulement leur vie, mais aussi leur conduira à la vie éternelle.

TÉMOIGNAGE

Comme Dieu avait donné des songes à Joseph dans son jeune âge, qui ne se réaliserent que lorsqu'il était devenu adulte.

De même, J'ai eu une révélation lorsque j'avais neuf ans: j'ai vu Jésus étant un bébé partager le même lit que mon neuveu, Jacques qui était alors un bébé, je les berçais tous deux, puis j'ai vu Dieu le Père ayant des cheveux et les barbes longs et blancs nous regarder à travers la fenêtre, puis Il m'a dit: Roseline tu auras une récompense pour cela.

Vers l'année 1984, dans une autre révélation, j'ai vu Jésus qui se tenait dans le ciel, tendant sa main droite entourée de rayons lumineux vers moi pendant que je lui adressais des demandes en faveur de toute ma famille. Le Seigneur nous a fait une grande grâce de nous accorder la vie éternelle, nous sommes plus que quarante personnes consacrées à son service, que Dieu soit louer.

La mème année j'ai eu une autre vision: j'ai vu le Seigneur Jésus se tenant dans l'air dans ma chambre et me demanda: Que veux tu que je te donne? Je ne lui avais demandé que de sa puissance pour propager sa parole;

dès lors j'avais commencé a étudier la Bible avec passion, inspiré par le Saint Ésprit et jusqu'à présent.

Vers l'année 1986, j'ai vu Jésus marcher à mon coté, et mon fils Kenny nous suivait tous deux dans un chemin couvert de sang, qui s'ouvrait devant nous comme la mer rouge au passage des enfants d'Israël.

J'ai eu beaucoup d'autres révélations oû j'ai vu Jésus, mais je ne peux les partager avec vous maintenant.

Je glorifie le nom du Seigneur Dieu, qui m'a utilisé comme un instrument pour faire son travail. C'est une mission qu'Il me confie de dévoiler les prophéties du derniers temps dans la Bible. Dieu a dit à Daniel: ces paroles seront secrètes et scellées jusqu'aux temps de la fin. Daniel 12:4,9,10;

Ésaie 6:8-13; És.29:9-14; le Seigneur Jésus l'a répétée dans Mt.13:11-15 et Paul dans Ro.11:8-10.

CONNAîTRE LA BIBLE
C'EST CONNAîTRE DIEU
ET VOTRE AVENIR

Ce que tu as entendu de moi en présence de beaucoup de témoins, confie-le à des hommes fidèles, qui soient capables de l'enseigner aussi à d'autres

Mettons de côté notre croyance superficielle, pratiquons la parole de Dieu tirée de la Bible, la pure vérité de l'Autorité Suprême, inspirée du Saint-Esprit.

Je n'ai rien augmenté ou diminué de la parole de Dieu, car la Bible nous fait savoir que si quelqu'un ajoute, ou retranche quelque chose de la parole de la prophétie, Dieu le frappera des fléaux, et retranchera sa part de l'arbre de la vie et de la ville sainte décrits dans le livre « Apocalypse » Ap.22:18,19. et Dieu l'a dit: Jé.23:28-31.

Je ne fais que relever des textes de l'Écriture pour permettre aux lécteurs de mieux comprendre la Bible.

Croyez si vous voulez, et qu'on le veuille ou non, le plan de Dieu sera exécuté comme il l'a fixé de sa propre autorité.

I Pierre 1:25

> La parole du Seigneur demeure éternellement. Et cette parole est celle qui vous a été annoncée par l'Évangile. Mt.24:35; Mc.13:31.

> *Tout ce que la bouche de Dieu a dit, sa main l'accomplira.*

Daniel 12:4, 6-10

4. Toi, Daniel, tiens secrètes ces paroles scelle le livre jusqu'au temps de la fin. Plusieurs alors le liront, la connaissance augmentera.

6. L'un d'eux dit à l'homme vêtu de lin, qui se tenait au-dessus des eaux du fleuve: Quand sera la fin de ces prodiges?

7. Et j'entendis l'homme vêtu de lin, qui se tenait au-dessus des eaux du fleuve; il leva vers les cieux sa main droite et sa main gauche, et jura par celui qui vit étèrnellement que ce sera dans un temps, des temps, et la moitié d'un temps, et que toutes ces choses finiront quand la force du peuple saint sera entièrement brisée. Da.8:26; Da.9:24-27.

8. J'entendis, mais je ne compris pas, et je dis: Mon seigneur, quelle sera l'issue de ces choses?

9. Il répondit: Va, Daniel, car ces paroles seront tenues secrètes et scellées jusqu'au temps de la fin.

10. Plusieurs seront purifiés, blanchis et épurés; les méchants feront le mal, et aucun des méchants ne comprendra, mais ceux qui auront de l'intelligence comprendront.

Nouvelle Vocation d'Ésaie.

És.6:9-13

Le Seigneur dit: Va, et dis au peuple: vous entendrez, et vous ne comprendrez point;

vous verrez, et vous ne saisirez point.

10. Rends insensible le coeur de ce peuple, endurcis ses oreilles, et bouche lui les yeux, pour qu'il ne voie point de ses yeux et n'entende point de ses oreilles. Ne comprenne point de son coeur, ne se convertisse point et ne soit point gueri...

Jusqu'au temps de la fin, et que le pays devienne un immense désert... Da.9:24-27; És.29:9-13.

Mais une sainte postérité renaîtra de ce peuple. Ez.9: 4-10; Ap.7:3,4; Sof.3.

Le Seigneur, l'Éternel n'a pas utilisé un grand théologien, afin que personne ne se glorifie de sa propre sagesse devant Dieu. Car Dieu ne négocie pas sa gloire. És.10:12,13.

Ésaie 55.8

Mes pensées ne sont pas vos pensées mes voies ne sont pas vos voies, dit l'Éternel.
9. Autant les cieux sont élevés au-dessus de la terre, autant mes voies sont élevées au-dessus de vos voies, et mes pensées au-dessus de vospensées.

1 Co.1:17-29

C'est pour annoncer l'Evangile, que Christ m'a envoyé, et cela sans la sagesse de langage, afin que la croix de Christ ne soit pas rendue vaine.

Aussi il est écrit: je détruirai la sagesse des sages, et je rendrai nulle l'intelligence des intelligents...

Dieu n'a-t-il pas convaincu de folie la sagesse du monde? Car, puisque le monde, avec sa sagesse n'a point connu Dieu ... Mais Dieu a choisi les choses folles du monde pour confondre les sages; Dieu a chosi les choses faibles du monde pour confondre les forts; Afin que personne ne se glorifie devant Dieu.

Nous voyons dans le Nouveau Téstament, parmi les disciples que Jésus avait choisis il y avaient des pêcheurs de poissons, collé-cteurs d'impôts etc; ils étaient devenus des hommes puissants dans l'histoire à travers le monde.

Paul était un haut gradé, mais il a dû tomber face à terre lorsque Jésus l'avait appelé, il perdit la vue afin qu'il pût s'humilier, et c'est auprès d'un serviteur que Jésus l'avait envoyé pour qu'il recouvrât sa vue; par la suite, Paul se considérait le moindre des apôtres.

C'est pourquoi il a dit: moi, qui suis le moindre de tous les saints, cette grâce m'a été accordée d'annoncer aux païens les richesses incompréhensibles de Christ.

Dans l'Ancien Téstament, l'Éternel avait choisi des hommes méprisés du monde pour faire savoir aux hommes qu'Il est le vrai Dieu, afin que votre foi fût fondée, non sur la sagesse des hommes, mais sur la puissance de Dieu. 1Co.2:5

Qui s'élève sera abaissé! Ép.3:7,8

L'Éternel a choisi Abram

Ge. 12:1-7

L'Éternel lui dit: va-t-en de ton pays.... je te bénirai, je ferai de toi une grande nation ...toute la terre sera béni en toi.

Ge. 17:1-8

L'Éternel lui dit: Abram, je suis le Dieu Tout-puissant. Marche devant ma face, et sois intègre. J'établirai mon alliance entre moi et toi, je te multiplierai...

L'Éternel a choisi Isaac

Ge. 26:2-5

L'Éternel lui apparut, et dit: Ne descends pas en Égypte demeure dans le pays que je te dirai…
je te bénirai...
et je tiendrai mon serment envers Abraham, ton père. Je multiplierai ta postérité comme les étoiles du ciel ...
Et toutes les nations de la terre seront bénies en ta postérité.

L'Éternel a choisi Jacob

Ge.28:13-15

L'Éternel lui dit: Je suis le Dieu d'Abraham, ton père, et le Dieu d'Isaac...
Ta postérité sera comme la poussière de la terre...
Et toutes les familles de la terre seront bénies en toi et en ta postérité. Je suis avec toi, je te garderai...
Et je te ramènerai dans ce pays; car je ne t'abandonnerai point, que je n'aie éxécuté ce que je te dis.

Ge.35;9-15

Dieu lui apparut encore, après son retour de Paddan-Aram, et il le bénit. Dieu lui dit:

je suis le Dieu Tout-Puissant. Sois fécond et multiplie, des nations naîtront de toi et des rois sortiront de tes reins. Je te donne le pays...

Ge.46:2-4

L'Éternel dit à Jacob: Je suis le Dieu de ton père, ne crains pas de déscendre en Égypte, je t'y ferai devenir une grande nation. Moi-mème je déscendrai avec toi en Égypte, et moi-méme je t'en ferai remonter.

L'Éternel a choisi Moïse

Éxode 3:2-12

L'Éternel vit qu'il se détournait pour voir; et Dieu l'appela du milieu du buisson, et dit: Moïse! Moise!

et il répondit: me voici!...

et il ajouta: je suis le Dieu de ton pére, le Dieu d'Abraham, le Dieu d'Isaac et le Dieu de Jacob...

Dieu dit: je serai avec toi ...

Nombres 12;6-8

Dieu parla avec Moïse comme un homme avec un homme et il voit une représentation de l'Etern'l.

L'Éternel a choisi Gédéon

Juges 6:14-23

L'Éternel se tourne vers Gédéon et dit: va avec cette force que tu as, et délivre Israël de la main de Madian; n'est ce pas moi qui t'envoie?

Gédéon lui dit: Ah! mon Seigneur, avec quoi délivrai-je Israël? voici, ma famille est la plus pauvre en Manassé, et je suis le plus petit dans la maison de mon père.

L'Éternel lui dit: mais je serai avec toi, et tu battras Madian comme un seul homme...

Gédéon était devenu Juge en Israël. Ju.8.22.

L'Éternel a choisi Saűl

1 Sa.9: 20,21

Samuel dit à Saűl: Ne t'inquiète pas des ânesses que tu as perdues il y a trois jours, car elle sont retrouvées. Et pour qui est réservé tout ce qu'il y a de précieux en Israël? n'est ce pas pour toi et pour toute la maison de ton père?

Saùl répondit: ne suis-je pas Benjamite, de l'une des plus petites des tribus d'Israël?

Et ma famille n'est elle pas la moindre de toutes les familles de la tribu de Benjamin?

Pourquoi donc me parles- tu de la sorte?

1 Sa.10:1,6

Samuel prit une fiole d'huile, qu'il répandit sur la tête de Saűl. Il le baisa, et dit: l'Éternel ne t'a-t-il pas oint pour que tu sois le chêf de son héritage? 1Sa.15.1b

L'Éternel a choisi David pour être roi d'Israël

1 Sa.16.1b-13

L'Éternel dit à Samuel: J'ai vu parmi les fils d'Isaï, celui que je désire pour roi. l'Éternel ne considère pas ce que l'homme considère...

Isaï dit qu'il reste le plus jeune, mais il fait paître les brebis. Isaï l'envoya chercher...

l'Éternel demande a Samuel d'oindre David comme roi d'Israël.

Alliance de Dieu avec David

2 Sa.7:8,9

Ainsi parle l'Éternel des armées: je t'ai pris au pâturage, derrière les brebis, pour que tu sois chèf sur mon peuple d'Israël; j'ai été avec toi partout...

j'ai éxterminé tous tes ennemis devant toi, et j'ai rendu ton nom grand comme le nom des grands qui sont sur la terre.

Ézèchiel 37:21-28

Ainsi parle le Seigneur, l'Éternel: je prendrai les enfants d'Israël du milieu des nations ...

je les rassemblerai de toutes parts, et je les ramènerai dans leur pays.

Mon serviteur David sera leur roi, et ils auront tous un seul berger...

Ils habiteront le pays de leurs pères ils y habiteront eux, leurs enfants, et les enfants de leurs enfants pour toujours. Mon serviteur David sera leur prince pour toujours.

Je traiterai avec eux une alliance de paix, et il y aura une alliance éternelle avec eux; je les établirai, je les multiplierai, et **je placerai mon sanctuaire au milieu d'eux pour toujours. Ma demeure sera parmi eux; je serai leur Dieu, et ils seront mon peuple. Et les nations sauront que'je suis l'Éternel, qui sanctifie Israël, lorsque mon sanctuaire sera pour toujo'rs au milieu d'eux.**

Reveil Spirituèl

D'après les passages suivants, nous allons voir, qu'au lieu de lire un ou deux versets de l'Écriture et de prècher là-dessus, ceux qui prèchent la parole de Dieu auraient mieux fait de lire le texte, puis prier, et laisser au Saint-Ésprit d'ouvrir la connaissance du peuple de Dieu en étudiant sa parole; car prècher est une grande résponsabilité, ils retiennent les croyants bornés à leurs prédications, à leurs propres discours dit l'Éternel. Jé. 23:28-31.

On devrait faire comme nous le voyons dans la Bible. Néhémie 8:1-8; Mt.28:19.20; Act.1:8. dit Jésus.

Jérémie 23:28-36

Que le prophète qui a eu un songe raconte fidèlement ce songe.
Et que celui qui a entendu ma parole rapporte fidèlement ma parole.
Pourquoi mêler la pail'e au froment ?dit l'Éternel.

29. Ma parole n'est-elle pas comme un feu, dit l'Éternel, et comme un marteau qui brise le roc?

30. C'est pourquoi, voici, dit l'Éternel, j'en veux aux prophètes qui dérobent mes paroles l'un à l'autre.

De.18:20; Jé.14:15

31. Voici, dit l'Éternel, j'en veux aux prophètes qui prennent leur propre parole et la donne pour ma parole.

32. Voici, dit l'Éternel, j'en veux à ceux qui prophétisent des songes faux, qui les racontent, et qui égarent mon peuple par leur mensonge et par leur témérité; je ne les ai point envoyés, je ne leur ai point donné d'ordre, et ils ne sont d'aucune utilité à ce peuple, dit l'Éternel.

36b. Car la parole de chacun sera pour lui une menace. Vous tordez les paroles du Dieu vivant, de l'Éternel des armées, votre Dieu.

Jugement de Dieu sur les pasteurs infidèles
Ézéchiel 34:10; Zacharie 13:2-9; Za.11:8-15

Réveil spirituèl, lécture et éxplication de la loi.
Néhémie 8:1-18

1. Alors tout le peuple s'assembla comme un seul homme sur la place qui est devant la porte des eaux. Ils dirent à Ésdras, le scribe, d'apporter le livre de la loi de Moïse, préscrite par l'Éternel à Israël.

2. Et le sacrificateur Ésdras apporta la loi devant l'assemblée, composée d'hommes et de femmes et de tous ceux qui étaient capables de l'entendre, c'était le premier jour du séptième mois.

3. Ésdras lut dans le livre depuis le matin jusqu'au milieu du jour, sur la place qui est devant la porte des eaux, en présence des hommes et des femmes et de ceux qui

étaient capables de l'entendre. Tout le peuple fut attentif à la lécture du livre de la loi.

4. Ésdras, le scribe, était placé sur une éstrade de bois, dressée à cette occasion. Auprès de lui, à sa droite se tenaient Matthithia, Schéma, Anaja, Urie, Hilkija et Maaséja, et à sa gauche, Pédaja, Mischaël, Malkija, Haschum, Haschbaddana, Zacharie et Meschullam.

5. Ésdras ouvrit le livre à la vue de tout le peuple, car il était élevé au-dessus de tout le peuple; et lorsqu'il l'eut ouvert, tout le peuple se tint en place.

6. Ésdras bénit l'Éternel, le grand Dieu, et tout le peuple répondit, en levant les mains: Amen! amen! et ils s'inclinèrent et se prosternèrent devant l'Éternel, le visage contre terre.

7. Josué, Bani, Schérébia, Jamin, Akkub, Schabbethaï, Hodija, Maaséja, Kelitha, Azaria, Jozabad, Hanan, Pelaja, et les Lévites, la loi au peuple, et chacun restait à sa place.

8. Ils lisaient distinctement dans le livre de la loi de Dieu, et ils en donnaient le sens pour faire comprendre ce qu'ils avaient lu.

9. Néhémie, le gouverneur, Ésdras, le sacrificateur et le scribe, et les Lévites qui enseignaient le peuple, dirent à tout le peuple: Ce jour est consacré à l'Éternel, votre Dieu; ne soyez pas dans la désolation et dans les larmes! Car tout le peuple pleurait en entendant les paroles de la loi.

10. Ils leur dirent: Allez, mangez des viandes grasses et buvez des liqueurs douces, et envoyez des portions à ceux qui n'ont rien de préparé, car ce jour est consacré à notre Seigneur; ne vous affligez pas, car la joie de l'Éternel sera votre force.

11. Les Lévites calmèrent tout le peuple, en disant: Taisez-vous, car ce jour est saint; ne vous affligez pas!

12. Et tout le peuple s'en alla pour manger et boire, pour envoyer des portions, et pour se livrer à de grandes réjouissances. Car ils avaient compris les paroles qu'on leur avait expliquées.

13. Le second jour, les chèfs de famille de tout le peuple, les sacrificateurs et les Lévites, s'assemblèrent auprès d'Ésdras, le scribe, pour entendre l'explication des paroles de la loi.

18. On lut dans le livre de la loi de Dieu chaque jour, depuis le premier jour jusqu'au dernier. On célébra la fête pendant sept jours, et il y eut une assemblée solennelle le huitième jour, comme cela est ordonné.

LES NOMS DE DIEU
SELON LA BIBLE

Éxode 34:5 et 6 L'Éternel déscendit dans une nuée, se tint auprès de lui (Moïse) et proclama le nom de l'Éternel. Et l'Éternel passa devant lui, et s'écria: L'Éternel! l'Éternel! Dieu

miséricordieux et compatissant, lent à la colère, riche en bonté et en fidélité! et dans prèsque tous les livres de la Bible nous trouvons l'Éternel comme le nom de Dieu, et dans les versets que nous allons voir plus loin, les noms suivants.

L'Éternel, en hébreu, Yahweh, Yahvé ou bien Yahweh.

Yahweh-Schalom,	L'Éternel paix
Yahweh-Nissi,	L'Éternel ma bannière
Yahweh-Rapha,	L'Éternel qui guérit

Yahweh-Elohim,	L'Éternel Dieu (celui qui agit)
Yahweh-Schamma,	L'Éternel est là
Yahweh-Tsidkenu,	L'Éternel notre justice
Yahweh-Sabaoth,	L'Éternel des armées
Yahweh-Jiré,	L'Éternel pouvoira

El-Elyon, Dieu Très-Haut (le plus élevé) Ps. 57:3
Adonaï-Yahweh, Seigneur Maitre Adonaï est le Seigneur,
et Yahweh, le Maître du ciel et de la terre.

Éxode 6:2, 3

2. Dieu parla encore à Moïse, et lui dit: Je suis l'Éternel.

3. Je suis apparu à Abraham, à Isaac et à Jacob, comme le Dieu Tout-Puissant; mais sous mon nom l'Éternel, je n'ai pas été reconnu par eux.

Éxode 3:13-15

13. Moïse dit à Dieu: Mais s'ils me demandent quel est ton nom, que leur répondrai-je?

14. Dieu dit à Moïse: Je suis celui qui suis...Celui qui s'appelle «Je suis» m'a envoyé vers vous.

15. Dieu dit encore à Moïse: L'Éternel, le Dieu de vos pères, le Dieu d'Abraham, le Dieu d'Isaac et le Dieu de Jacob, m'envoie vers vous.

Ton Dieu: Esaïe 54:6.
Dieu: Genèse 1:1; Éxode 6:2; 17:9; 19:3; Malachie 3:18

L'Éternel: Éxode 10:1,12,19,20,21,26,27
Éxode 34:5,6;3:17; Éxode 20:1
Deuteronome 33:29; 1Rois 8:15,23; 20:28
Je suis l'Éternel, L'Éternel Dieu
Genèse 4:26; 22:16; Éxode 3:15; 34:6
L'Éternel mon Dieu: 1Rois 3:1; 1Rois 8:28

Dieu Très-Haut: Genèse 14:18 Père: 2 Samuel 7:14
Seigneur l'Éternel: Genèse 15:2
Il est merveilleux: Juges 13:18
Dieu Tout-Puissant: Éxode 6:3; Genèse 17:1
L'Éternel Dieu Tout-Puissant, Dieu de toute la terre
Esaïe 54:5

Dieu de l'éternité: Genèse 21:33; Deutéronome 33:27
Rédempteur Éternel: Esaïe 54:8
L'Éternel notre justice: Jérémie 23:6

l'Éternel, Dieu d'Abraham, d'Isaac et d'Israël:
1Ro.18:36
Le Créateur: Genèse 1 et 2; Esaïe 54:5
L'Éternel, le Dieu des armées: 1Rois 19:10
Dieu d'Israël De. 33:26; 1Rois 8:15,23,25,26
Le Saint d'Israël: Esaïe 54:5. Berger d'Israël
Le Bouclier du secours
l'Épée de gloire: Deutéronome 33:29

Dieu de Jacob: Psaume 84:9

Je suis, Je suis: Éxode 6:3; Éxode 3:14.

l'Éternel des armées: Ésaïe 1:3.

Dieu de toute la terre: Es. 29:23;

Le Saint de Jacob, Dieu d'Israël; Ésaïe 54:5.

Père juste: Jean 17:25.

Ésaïe 54:5

Car ton créateur est ton époux: l'Éternel des armées est son nom, et ton Rédempteur est le Saint d'Israël: il se nomme Dieu de toute la terre.

Deutéronome 10:17

Car l'Éternel, votre Dieu, est le Dieu des dieux, le Seigneur des seigneurs, le Dieu grand Fort et Terrible.

Dieu

Le Seigneur des seigneurs, le Roi des rois,

l' Etre Suprême; le 'ommen'ement et la fin.

L'Alpha et l'Oméga.

Ésaïe 42:5

Ainsi parle Dieu, l'Éternel, qui a crée les cieux et qui les a déployés, qui a étendu la terre et ses productions, qui a donné la réspiration à ceux qui la peuplent et souffle à ceux qui y marchent.

Deutéronome 10:17

Car l'Éternel, votre Dieu, est le Dieu des dieux, le Seigneur des seigneurs, le Dieu grand, fort et terrible, qui ne se montre partial envers personne et qui n'accepte point de présent.

Ésaïe 45:5, 6,7,18

Je suis l'Éternel, et il n'y a point d'autre; hors moi il n'y a point de Dieu; Je t'ai ceint, avant que tu me connaisses.

C'est afin que l'on sache, du soleil levant au soleil couchant, que hors moi il n'y a point de Dieu. Je suis l'Éternel, et il n'y en a point d'autre. Je forme la lumière, et je crée les ténèbres.

Je donne la prospérité, et je crée l'adversité moi, l'Éternel, je fais toutes ces choses car ainsi parle l'Éternel, le créateur des cieux, le seul Dieu, qui a formé la terre, qui l'a faite et qui l'a affermie, qui l'a crée pour qu'elle ne fût pas déserte, qui l'a formée pour qu'elle fût habitée. Je suis l'Éternel, et il n'y en a point d'autre.

ADAM ET EVE

FORMATION DE L'HOMME ET DE LA FEMME

Genèse 2:7, 8,15-24

L'Éternel Dieu forma l'homme de la poussière de la terre, il souffla dans ses narines un souffle de vie et l'homme devint un être vivant.

Puis l'Éternel Dieu planta un jardin de l'orient, et il y mit l'homme qu'il avait formé. L'Éternel Dieu fit pousser du sol des arbres de toute espèce, agréables à voir et bons à manger, et l'arbre de la vie au milieu du jardin, et l'arbre de la connaissance du bien et du mal, L'Éternel Dieu prit l'homme, et le plaça dans le jardin d'Eden pour le cultiver et pour le garder.

L'Éternel Dieu donna cet ordre à l'homme: Tu pourras manger de tous les arbres du jardin; mais tu ne mangeras pas de l'arbre de la connaissance du bien et du mal, car le jour où tu en mangeras tu mourras.

L'Éternel Dieu dit: il n'est pas bon que l'homme soit seul; je lui ferai une aide semblable à lui. L'Éternel Dieu forma une femme de la côte qu'il avait prise de l'homme, et il l'amena vers l'homme.

Et l'homme dit: Voici, cette fois, celle qui est os de mes os et chair de ma chair! On l'appella femme parce qu'elle a été prise de l'homme.

ADAM ET EVE

Genèse 3:1-12

Le serpent était le plus rusé de tous les animaux des champs, il dit à la femme: Dieu a-t-il réellement dit: vous ne mangerez de tous les arbres du jardin ?

La femme répondit au serpent: nous mangerons du fruit des arbres du jardin, mais, quant au fruit de l'arbre qui est au milieu du jardin, Dieu a dit: vous n'en mangerez point et vous n'y toucherez point, de peur que vous ne mouriez. Alors le serpent dit à la femme: vous ne mourrez point, mais Dieu sait que, le jour où vous en mangerez, vos yeux s'ouvriront, et que vous serez comme des dieux, connaissant le bien et le mal.

La femme vit que l'arbre était bon à manger et agréable à la vue, et qu'il était précieux pour ouvrir l'intelligence; elle prit de son fruit et en mangea, elle en donna aussi à son mari, qui était auprès d'elle et il en mangea. Les yeux de l'un et de l'autre s'ouvrirent, ils connurent qu'ils étaient nus, et ayant cousu des feuilles de figuier, ils s'en firent des ceintures. Alors ils entendirent la voix de Dieu, qui parcourait le jardin vers le soir, et l'homme et la femme se cachèrent loin de la face de l'Éternel Dieu, au milieu des arbres du jardin.

Mais l'Éternel Dieu appela l'homme et il lui dit: où es tu? il répondit: J'ai entendu ta voix dans le jardin, et j'ai eu peur, parce que je suis nu, et je me suis caché. Et l'Éternel Dieu dit: qui t'as appris que tu es *nu?* Est-ce que tu as mangé de l'arbre dont je t'avais défendu de manger? l'homme répondit: la femme que tu as mise auprès de moi m'a donné de l'arbre, et j'en ai mangé.

Dans ce cas, Satan, n'a-t-il pas joué le rôle de dieu auprès de l'homme? puisqu'il a transgressé la loi de Dieu leur créateur, pour obéir à la voix de Satan qui est une créature comme lui!

Le doute ! n'est ce pas un instrument puissant, que Satan a utilisé pour réaliser son plan?

N'est-ce pas là, qu'ont commencé tous les péchés: le doute, l'orgueil, le mensonge, l'ambition les faux jugements etc?

Ayant la connaissance du bien et du mal, l'homme est condamné au jugement, et à la mort. L'homme a perdu sa communion avec Dieu, car, il est mort spirituellement, et physiquement comme Dieu l'a prédit.

Il fut chassé du Jardin Eden, et fut condamné à la souffrance et à la mort. Ge.3.23,24. N'était ce pas le plan du malin ?

Satan a passé par Eve, sans doute parce qu'il savait qu'il ne pouvait convaincre Adam, car il était au paradis à la création étant un chérubin protécteur Éz.28:12,13. Il savait qu'Adam avait reçu l'ordre dirèctement de Dieu, de ne pas manger du fruit de l'arbre Ge.2:16,17. alors qu'Eve n'y était pas encore. Ge.3:11.

Mais bien par Eve, il a pu insinuer le doute de la parole de Dieu en son coeur, parce qu'elle avait reçu l'ordre de son mari. N'est ce pas la raison pour laquelle, que Dieu s'adressa directement à Adam après leur transgréssion? Ge.3.8-10.

Satan apparait comme un serpent, étant le plus rusé des animaux des champs; une créature séduisante pour pouvoir séduire Eve. Il avait des pieds, mais après sa malédiction il est devenu le réptile le plus répugnant.

Je pense que Satan a utilisé le serpent pour séduire Eve, en le regardant manger le fruit lui-même, car Dieu ne le lui avait pas défendu d'en manger. Ainsi il a utilisé la pensée d'Eve pour introduire le doute dans son cœur. Il a passé par Eve pour réussir dans son projet, ce n'est pas à cause de la faiblesse de la femme comme on dit, mais il y a une signification spirituelle très profonde: Eve, la femme représente l'épouse de l'Agneau: Ap.21:9,10; Ga.4:23-26; La terre d'Israël. Ap.12:1,2; Ap.14:1-5; És.54:5,6; És.62:1-7; la Nouvelle Jérusalem, la montagne de Dieu, És.4:3,4. là où Satan avait le plan d'y aller És.14:13,14. pensant qu'il pourrait prendre la place de Jésus étant le Fils de Dieu, et Dieu Lui-même. Jn.10:30.

C'est pourquoi l'Éternel dit: Satan dit en son cœur:

Je monterai au ciel, j'élèverai mon trône au-dessus des étoiles de Dieu; És.14:13,14.

Je m'assiérai sur la montagne de l'assemblée És.4:3,4.

Je monterai sur le sommet des nues je serai semblable au Très-Haut. Alors que Dieu avait placé Satan et son sanctuaire sur la montagne de Jérusalem. Éz.28:2,16-18.

Dès que Satan avait la domination sur Adam et Eve, en désobéissant à Dieu, leur créateur, pour obéir à Satan, qui est une créature de Dieu comme eux, Satan devint dieu pour l'homme. I Jn.3:8

C'est pourquoi la Bible appelle Satan: le dieu de ce siècle, le prince de ce monde inconverti, le prince de la puissance de l'air.

Par la désobéissance d'Adam et d'Eve, conséquence tragique! le péché atteint l'humanité. 1Jn.3:4-15.

Après leur transgression ils se cachèrent loin de la face de Dieu, au milieu des arbres du jardin Ge.3:8-18.

l'Éternel Dieu appela l'homme, et lui dit: où es tu? Adam répondit je me suis caché parce que je suis nu. « Ce qui est la mort spirituelle pour l'homme ».

Adam ne disait pas en lui-même qu'il a désobéi à Dieu, parce qu'il avait reçu l'ordre dirèctement de la bouche de Dieu, Ge.2.15-17; mais il a essayé de se défendre de préférence, de se justifier en essayant de prouver son innocence, il accusa Dieu d'avoir mis la femme auprès de lui Ge.3.12, et à la femme de lui avoir donné le fruit.

En outre, Adam a menti, car il s'était caché parce qu'il savait bien qu'il a désobéi à Dieu en mangeant du fruit de l'arbre, et il était auprès de sa femme lorsqu'elle avait pris le fruit, mais non parce qu'il était nu.

La femme aussi a transgréssé la loi de Dieu, et elle acusa le serpent. N'était-ce pas le plan de Satan de leur faire perdre la communion avec Dieu! dès lors ils se font ennemis de Dieu, et sont condamnés au jugement, à la mort physique, et spirituelle, à la douleur, au dur labeur, et même à la terre de produire des ronces et des épines; car

la mission d'Adam était de cultiver la terre, et d'Eve la procréation, c'est pourquoi, Dieu a dit qu'il augmente sa douleur. Ainsi, Dieu les a puni dans leur mission qu'ils avaient à faire sur la terre.

Le fruit de l'abre était un vrai fruit, Dieu a voulu éprouver l'homme. Après la chute, il plaça des anges chérubins sur le chemin pour leur empecher de prendre l'arbre de vie, d'en manger et de vivre éternellement dans leur état de péché.

La peau que Dieu a utilisée pour couvrir leur nudité, a

fait savoir à l'homme qu'il doit avoir un sacrifice du sang pour le pardon du péché; et qu'il a besoin d'un sauveur pour la réconciliation avec Dieu. Ce dernier, dans sa préscience avait fait le plan du salut, c'est Jésus qui devait verser son sang pour le salut de l'humanité

Dans la nouvelle alliance en Jésus. Jé.31:31-37; Jé.32:37-42; He.7:1-3,15-28; He.9:11-28.

pendant le règne millénaire sur la terre avec Jésus, l'arbre de vie sera au service des hommes Ap.22:1,2. dans le nouveau paradis, elle produira 12 fois de fruits le mois, et les feuilles serviront de remède pour les nations.

Si Adam et Eve utilisaient la parole de Dieu et la gardait au coeur, ils n'auraient succombés à la tentation du serpent, car la parole de Dieu est puissante Ja.4:7; c'est pourquoi Satan l'a utilisée pour les atteindre.

Jésus, étant Dieu lui-même a utilisé la parole de Dieu pour chasser Satan, lorsqu'il le tentait pendant trois fois lui disant il est écrit...Pensant que Jésus pourrait lui obéir comme il avait fait à Adam et Eve.

Satan connaît la puissance de la parole de Dieu, c'est pourquoi il empêche au chrétien d'étudier la Bible, ou de participer dans les études bibliques à l'Église. Il inspire aux gens toutes sortes de mauvaises pensées pour écrire des livres, ou sur internète pour les encourager à ignorer l'éxistence de Dieu, et la divinité de Jésus-Christ afin de leur faire perdre leur âme, ainsi ils seront condamnés avec lui au dernier jour au tourment éternel. És.66:24; Mc.9:43-48; Luc16:22-29; 2Th.1:8,9; Ap.21:8; Ap:22:15

Jacques 4:7: Soumettez vous à Dieu, résistez au diable, et il fuira loin de vous.

Josué 1:8

Que ce livre de la loi ne s'éloigne point de ta bouche; médite-le jour et nuit, pour agir fidèlement selon tout ce qui est écrit; car c'est alors que tu auras du succès dans tes entreprises, c'est alors que tu réussiras.

Après la transgréssion, Adam a éssayé de se cacher devant Dieu! Mais qui peut se cacher pour l'Éternel?

Je.23:24; Am.9:2,3

Dans son omniscience n'avait-il pas vu Adam? l'Éternel Dieu est omniscient: Il sait tout, Il est omniprésent: Il est partout. Il est préscient, il connaît l'avenir.

N'est-ce pas Dieu qui donne les messages aux prophètes, pour prédire l'avenir?

Psaume 139:1-16

l'Éternel! Tu me sondes et tu me connais…Car la parole n'est pas sur ma langue, que déjà, ô l'Éternel! Tu la connais entièrement…où irais-je loin de ton Ésprit, et où fuirais-je loin de ta face? Si je monte aux cieux tu y es; si je me couche au séjour des morts, t'y voilà. Si je prends les ailes de l'aurore, et que j'aille habiter à l'éxtrémité de la mer, Là aussi ta main me conduira, et ta droite me saisira.

Si je dis: au moins les ténèbres me couvriront, la nuit devient lumière autour de moi; Même les ténèbres ne sont pas obscures pour toi, La nuit brille comme le jour, et les ténèbres comme la lumière.

1 Co.1:20

La parole de Dieu nous fait savoir que la pensée de Dieu n'est pas la pensée de l'homme. Car la sagesse de l'homme est une folie pour Dieu.

N'est-ce pas la raison pour laquelle, Dieu déscend à l'homme afin qu'il puisse le connaître? "l'anthropomorphisme".

Lorsque l'Éternel avait demandé à Abraham de lui sacrifier Isaac, c'était seulement pour l'éprouver, et pour enseigner aux hommes jusqu'à quel point qu'il faut obéir à Dieu, car Il connaissait déjà le cœur de l'homme. C'était aussi un éxemple à son peuple qu'Il a choisi comme un peuple saint pour être ses témoins devant tous les autres peuples sur la terre. Det.7:6; Ex.19:5; Es.43:1-6,10,12; 1Pi.2:9. Dieu le Père lui a parlé: Ge.22:1-11;

et « Dieu le Fils, Jésus ou l'ange de l'Éternel: Éx.14:19; Ge.32:28; Osée12:4-6; Jug.6:10-23.»

L'ange dit: N'avance pas ta main sur l'enfant, et ne lui fais rien; car je sais maintenant que tu crains Dieu, et que tu ne m'as pas refusé ton fils, ton unique.

15. L'ange de l'Éternel appela une seconde fois Abraham des cieux,

16. et lui dit: Je te le jure par moi-même, parole de l'Éternel...

17. Je te bénirai et je multiplierai ta postérité, comme les étoiles du ciel…

18. Toutes les nations de la terre seront bénies en ta postérité, parce que tu obéi à ma voix.

Genèse 15:13-16

L'Éternel dit à Abraham: sache que tes déscendants seront étrangers dans un pays qui ne sera point à eux; ils seront asservis, et on les opprimera pendant quatre cents ans. Mais je jugerai la nation à laquelle ils seront asservis, et ils sortiront ensuite avec de grandes richesses. Nous trouvons la réalisation de cette prophétie, concernant le peuple d'Israël avec Moïse dans le livre d'Éxode.

Éxode 10:1,2

L'Éternel dit à Moïse: Va vers pharaon, car j'ai endurci son cœur et le cœur de ses serviteurs pour faire éclater mes signes au milieu d'eux. Ex.4:21; Ex.9.12,34; Ex.10:27; Ex.11:9. C'est aussi pour que tu racontes à ton fils et au fils de ton fils quels signes j'ai fait éclater au milieu d'eux. Et vous saurez que je suis Dieu.

Romains 9.17

Car l'Éternel dit à Pharaon: je t'ai suscité à dessein pour montrer en toi ma puissance, et afin que mon nom soit publié par toute la terre. Ex.9:16

Ainsi, nous devons savoir que tout se fait selon la volonté de Dieu et pour sa gloire.

SATAN

Ge.3.1; És.14:12,13,14,19;1Pi.5.8; Ap.12.3,4,7,9,10; Jn.8.44; 2Th.2:10; 1Jn.3.22; 1Co 6.11; Col.3:7; Tite 3:3; Jn.12.31; 14.30; 16.11; Ép.6.12; 1Jn.3:12.

Nous trouvons dans la Bible les noms suivants qui sont attribués à Satan:

La Bible dit que Satan se déguise en ange de lumière, mais il n'était pas vraiment l'ange de lumière au ciel comme on le dit. Il était un chérubin protécteur. Éz.28:14.

Le prince de ce monde inconverti; le prince de la puissance de l'air; père de la rébellion, le rusé, le voleur, le menteur, l'orgueilleux, le tentateur, le dragon, le père du mensonge, le pécheur, le dragon rouge, le serpent anscien, le diable, l'accusateur, le lion rugissant, l'ésprit méchant, astre brillant, fils de l'aurore, le dieu de ce ciecle.

Ézéchiel 2:2-13-19

2. Ainsi parle le Seigneur, l'Éternel: ton cœur est élevé, et tu as dit: Je suis Dieu, je suis assis sur le siège de Dieu,

au sein des mers! toi, tu es un homme et non Dieu, et tu prends ta volonté pour la volonté de Dieu…

12. Tu mettais le sceau à la perféction, tu étais plein de sagesse, parfait en beauté.

Tu étais en Eden, le jardin de Dieu; tu étais couvert de toute éspèce de pièrres, de sardoine, de topaze, de diamant, de chrysolithe, d'onyx, de jaspe, de saphir, d'éscarboucle, d'émeraude, et d'or; Tes tambourins et tes flutes étaient à ton service, préparés pour le jour où tu fus crée.

14 Tu étais un chérubin protécteur, aux ailes déplo'ées. Éz.1:5-20; Éz.10:14,22.

Je t'avais placé et tu étais sur la sainte montagne de Dieu; Tu marchais au milieux des pierres étincelantes. Tu étais intègre dans tes voies, depuis le jour où tu fus créé jusqu'à celui où l'iniquité a été trouvée chez toi. Par la grandeur de ton commerce tu as été rempli de violence, et tu as péché; Je te précipite de la montagne de Dieu, et je te fais disparaître, chérubin protecteur, du milieu des pièrres étincelantes. Ton coeur s'est élevé à cause de ta beauté, tu as corrompu ta sagesse par ton éclat; je te jette par terre, je te livre en spéctacle aux rois. Par la multitude de tes iniquités, par l'injustice de ton commerce, tu as profané tes sanctuaires; Je fais sortir du milieu de toi un feu qui te dévore, je te réduis en cendre sur la terre, Tu es réduis au néant, 'u ne seras plus jamais.

Chant de joie d'Israël sur Satan après le jugement de Babylone

És.14:3-20

Quand l'Éternel t'aura donné du repos "Israël"...

Alors tu prononceras ce chant sur le roi de Babylone et tu diras:

éh quoi le tyran n'est plus! l'oppréssion a céssé! l'Éternel a brisé le baton des méchants.

celui qui dans sa fureur frappait les peuples. celui qui dans sa colère subjugait les nations.

Toute la terre jouit du repos et de la paix

Ta magnificence est déscendue dans le séjour des morts, sous toi est une couche de vers, et les vers sont ta couverture.

12 Te voilà tombé du ciel, Astre brillant, fils de l'aurore! comme tu as été abattu à terre, toi qui affaiblissais les nations.

14. Quant à toi, tu disais dans ton coeur:

Je monterai au ciel, j'élèverai mon trône au-dessus des étoiles de Dieu; je m'assiérai sur la montagne de l'assemblée, à l'éxtrémité du septentrion je monterai sur le sommet des nues, Je serai semblable au Très-Haut.

Ces versets qui précèdent prouvent que <u>Satan était sur la terre, il était sur la montagne de Dieu. Il avait son sanctuaire sur la terre, sur la montagne sainte de Dieu,</u> c'est pourquoi il désirait monter au ciel avec son trône..

És.14:3-20; Éz.28.1-19

Satan a accès au ciel, Job1:1; Ap.12:7-10; mais sa demeure n'est pas au ciel, dans la demeure de Dieu.

Satan était un chérubin protécteur. Comme on dit qu'il était l'ange de lumière! ce que je ne trouve aucune part dans la Bible! la parole de Dieu dit que *Satan se déguise en ange de lumière*.

Là, où est la présence de Dieu, sa gloire est la lumière. Ap.21.

Je ne crois pas que Dieu aurait besoin de la lumière de Satan au ciel, dans sa demeure glorieuse avec Jésus.

La ville n'a besoin ni de soleil ni de la lune pour l'éclairer; car la gloire de Dieu l'éclaire, et l'Agneau est son flambeau. Ap.21:22-24; És.'0:19,20; Ap.22:5; Ap.9:14

Éz.28:2,Ton cœur s'est élevé et tu as dis: Je suis Dieu, je suis assis sur le siège de Dieu au sein des mers!
Toi, tu es homme et non Dieu, Et tu 'rends ta volonté pour la volonté de Dieu

14 Je t'avais placé et tu étais sur la montagne sainte de Dieu.

16 Je te précipite de la montagne de Dieu,

17 Je te jette par terre.

Remarquez que depuis dans le jardin d'Eden, Satan avait à faire avec Jésus. Ge.3.15; Mt.4:1-11

Qui durera jusqu'à la fin des temps. 1Co.15:22,24,25,28. Ap.20:1-3,7-15; He1:1-6; He.10:12,13; Ro.8:29;

Ap.1:5.

Jésus le premier-né du ciel, Col.1:12-20. le Fils de Dieu, étant Dieu lui-même Jn.10:30

et Satan le premier-né de la terre, en Eden sur la montagne sainte de Dieu. Éz.28:13,14. étant un chérubin, serviteur de Dieu; Satan a voulu prendre la place de Jésus, És.14:13,14; Éz.28:2

pensant qu'il pourrait insinuer le doute de sa divinité, en lui disant: Si tu es le Fils de Dieu. Mc.1; Mt.4.

Tentation de Jésus

Marc 1.13; Matthieu 4.1-11

Satan, le tentateur, s'étant approché, lui (Jésus) dit: «Si tu es Fils de Dieu, ordonne que ces pierres deviennent des pains.» Jésus répondit: Il est écrit: L'homme ne vivra pas de pain seulement, mais de toute parole qui sorte de la bouche de Dieu. Le diable dit à Jésus: «Si tu es Fils de Dieu jette-toi en bas, car il est écrit: Il donnera des ordres à ses anges à ton sujet, et ils te porteront sur les mains de peur que ton pied ne heurte contre une pierre.»

Jésus lui dit: Il est aussi écrit: Tu ne tenteras point le Seigneur ton Dieu. Le diable le transporta encore sur une montagne très élevée, lui montra tous les royaumes du monde et leur gloire; É.28:13-18. et lui dit: Je te donnerai toutes ces choses, « Éz.28:1-16 »

si tu te prosternes et m'adores. Jésus lui dit: « Retire-toi de moi Satan! Car il est écrit: Tu adoreras le Seigneur, ton Dieu, et tu le serviras lui seul. » Alors le diable le laissa et voici, des anges vinrent auprès de Jésus et le servaient.

Nous voyons dans ces passages, que le diable a essayé en trois fois de donner des ordres à Jésus, éspérant que Jésus pourrait lui obéir; en outre, Satan a utilisé la parole de Dieu

comme il avait fait pour vaincre Adam et Eve; Parce qu'il connaît la puissance de la parole de Dieu.

Et Jésus l'a chassé avec la parole aussi, puis le diable le laissa.

C'en est bien un éxemple pour nous chrétiens, de résister au diable, pour avoir la victoire dans notre vie. Jac.4:7.

1 Jean 3:4, 8,10,12

Quiconque pratique le péché transgresse la loi, et le péché est la transgression de la loi. Celui qui pratique le péché est du diable, car le diable pèche dès le commencement. Le Fils de Dieu parut afin de détruire les oeuvres du diable. C'est par là que se font connaître les enfants de Dieu et les enfants du diable. Quiconque ne pratique pas la justice n'est pas de Dieu, ni celui qui n'aime pas son frère. ne pas ressembler à Caïn, qui était du malin, et qui tua son frère. Et pourquoi le tua-t-il? Parce que ses uvres étaient mauvaises, et que celles de son frère étaient justes. 2Co.4:3b,4ᵃ. l'Évangile est voilé pour ceux qui périssent.

2Co.2:15; 2Th.2.10; Ap.20:10 pour les incrédules dont le dieu de ce siècle a aveuglé l'intelligence, afin qu'ils ne vissent pas briller la splendeur de l'Évangile de la gloire de Christ qui est l'image de Dieu

La promesse de Dieu à Abraham, et à sa postérité, son accomplissement

1*   Dieu fit la Promesse à Abram

Genèse 12:1-3,7; Ge.15:1,4,5,18; Ge.22:15-18; De.30:9.10.
Genèse 12:1-3

L'Éternel dit à Abram: Va-t'en de ton pays, de ta patrie, et de la maison de ton père, dans le pays que je te montrerai.

2. Je ferai de toi une grande nation, et je te bénirai; Je rendrai ton nom grand, et tu seras une source de bénédiction. Je bénirai ceux qui te béniront, et je maudirai ceux qui te maudiront; et toutes les nations de la terre seront bénies en toi.

Abram prit Sara, sa femme, et Lot, fils de son frère, avec tous les biens qu'ils possedaient et les serviteurs qu'ils avaient acquis à Charan. Ils partirent pour aller dans le pays de Canaan, et ils arrivèrent au pays de Canaan. Ge.22:15-18.

2*   Dieu a confirmé la promesse à Isaac, fils d'Abraham.

Genèse 26:2-4

L'Éternel lui apparut, {Isaac} et dit: Ne descends pas en Égypte, demeure dans le pays que je te dirai.

3. Séjourne dans ce pays-ci; Je serai avec toi, et je te bénirai, car je donnerai toutes ces contrées à ta postérité, et je tiendrai le serment que j'ai fait à Abraham, ton père.

4. Je multiplierai ta postérité comme les étoiles du ciel; Je donnerai toutes ces contrées à ta postérité; et toutes les nations de la terre seront bénies en ta postérité.

3*   Dieu a transféré la promesse à Jacob fils d'Isaac, qui devint Israël.

Genèse 46:2,3

Dieu parla à Israël {Jacob} dans une vision pendant la nuit, et il dit: Jacob! Jacob! Israël répondit: Me voici!

3. Et Dieu dit: Je suis Dieu, le Dieu de ton père, Ne crains point de descendre en Égypte, car là je te ferai devenir une grande nation.

4*   Jacob devint Israël: Ge.32:27,28

Genèse 32:27,28

L'ange de Dieu lui dit: quel est ton nom? Et il lui répondit: Jacob.

28. Il lui dit encore: Ton nom ne sera plus Jacob, mais tu seras appelé Israël; car tu as lutté avec Dieu et avec des hommes, et tu as été vainqueur.

5*   Dieu assure le règne de David et son trône, et de sa postérité:

1Ch.17:11-14; És.9:5,6; ÉZ.34:11-14,23-31; 2Sa.7:16.

2Samuel7:16

Ta maison et ton règne seront pour toujours assurés, ton trône sera pour toujours affermi.

1Chroniques 17:14

Je l'établirai pour toujours dans ma maison et dans mon royaume, et son trône sera pour toujours affermi.

6*   Dieu accompli la promesse par Jésus-Christ , postérité de David.

Ap.5:5; Ap.22:16.3:22,23.
Da.7:13;14; He.10:9,10; Ap.5:9,10; Ap.7:14; Ap.1-4; Ap.21:1-14; Ap.22:1-5.

Ésaie 9:5,6

Car un enfant nous est né, un fils nous est donné, et la domination reposera sur son épaule;
On l'appellera Admirable, Conseiller, Dieu Puissant, Père éternel, Prince de paix.

6. Donner à l'empire de l'accroissement, et une paix sans fin au trône de David et à son royaume,
L'affermir et le souvenir par le droit et par la justice, Dès maintenant et à toujours; Voilà ce que fera le zèle de l'Éternel des armées.

Da.7:13,14

14. On lui donna la domination, la gloire et le règne; et tous les peuples, les nations, et les hommes de toutes langues le servirent.

Sa domination est une domination éternelle qui ne passera point, et son règne ne sera jamais détruit

7*   Toutes les nations de la terre seront bénies en sa postérité

Ge.12:3b; Ge.15:5; Ge.18:17-19; Ge.22:17,18; Jn.3:16; És.56:6,7,8; És.61:5-9; Éz.38:9,23; Da.7:13,14; Za.8:20-23; Za.14:16-19; Ép.1:3-13; Ép.2:13; Ro.3:22,23; Ap.5:9,10; Ap.7:13-17; Ap.5:9,10; Ap.20:6.

Genèse 22:18

L'Éternel dit: Abram deviendra certainement une nation grande et puissante, et en lui seront bénies toutes les nations de la terre.

Ésaie 56:5-8,12

5b. Je leur donnerai un nom éternel, qui ne périra pas.
6. Et les étrangers qui s'attacheront à l'Éternel, pour le servir, pour aimer le nom de l'Éternel, pour être ses serviteurs, tous ceux qui garderont le sabbat, pour ne point le profaner, et qui persévèreront dans mon alliance.
7. Je les amènerai sur ma montagne sainte, et je les réjouirai dans ma maison de prière; leurs holocaustes et leur sacrifices seront agréés sur mon autel; car ma maison sera appelée une maison de prière pour tous les peuples.
8. Le Seigneur, l'Éternel parle, Lui qui rassemble les

éxilés d'Israël: Je réunirai d'autres peuples à lui, aux siens déja rassemblés.

12. Venez, je vais chercher du vin, et nous boirons des liqueurs fortes! nous en ferons autant demain, et beaucoup plus encore!

Éphésiens 2:13

Mais vous maintenant, en Jésus-Christ, vous qui étiez jadis éloignés, vous avez été rapprochés par le sang de Christ.

Apocalypse 5:9,10

9. Et ils chantaient un cantique nouveau, en disant:

Tu es digne de prendre le livre, et d'en ouvrir les sceaux; car tu as été immolé, et tu as racheté pour Dieu par ton sang des hommes de toute tribu, de toute langue, de tout peuple, et de toute nation.

10. Tu as fait d'eux un royaume et des sacrificateurs pour notre Dieu, et ils règneront sur la terre.

Les ancêtres du peuple
d'Israël et leur déstiné

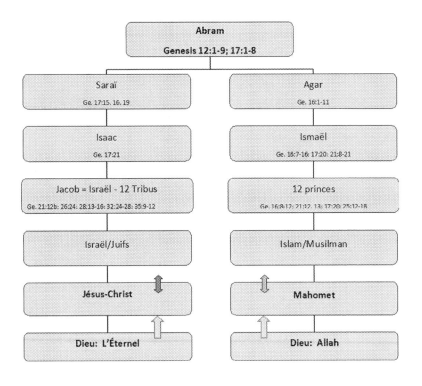

Jésus donne: l'amour, la paix, la grâce, le salut et la vie éternelle à tous les croyants: És.9:5,6; És.53:1-12;

Jn.3:16,36; 6:47; 1J'.4:10-13; Jn.6:35-51; Ap.5:9; Ap.11:15-17.

Postérité d'Ismaël

Genèse 25:12-18

12. Voici la postérité d'Ismaël, fils d'Abraham et Agar l'Egyptienne la servante de Sara.

13. Nébajoth, Kédar Adbeel, Mibsam,

14. Mischma, Duma, Massa,

15. Hadad, Théma, Jéthur, Naphisch et Kedma Genèse 17:20.

16. Ce sont là les fils d'Ismaël; ce sont là leurs noms, selon leurs parcs et leurs enclos. Ils furent les douze chefs de leurs peuples. Ismaël vécut cent-trente-sept ans.

18. Ses fils habitèrent depuis Havila jusqu'á Schur, qui est en face de l'Égypte, en allant vers l'Assyrie. Il s'établit en présence de tous ses frères.

Les deux fils d'Isaac, Esaü et Jacob

Genèse 25:19-34

Voici la postérité d'Isaac, fils d'Abraham:Isaac était agé de quarante ans quand il prit pour femme Rebécca.
Elle devint enceinte; Les enfants se heurtaient dans son sein...

Elle alla consulter l'Éternel et l'Éternel lui dit: deux nations son dans ton ventre, et deux peuples se sépareront au sortir de tes entrailles; un de ces peuples sera plus fort que l'autre, et le plus grand sera assujetti au plus petit.

Il y avait deux jumeaux dans son ventre. Le premier sortit entièrement roux, et on lui donna le nom d'Esaü. Ensuite sortit son frère, dont la main tenait le talon d'Esaü, et on lui donna le nom de Jacob. Ces enfants grandirent . Esaü devint chasseur, et Jacob fut un homme tranquille qui restait sous les tentes...

un jour Esaü revint des champs, accablé de fatigue. Et Jacob faisait cuire un potage, Esaü dit à Jacob: je t'en prie, donne moi à manger de ce roux là, et Jacob lui dit: vends-moi aujourd'hui ton droit d'aînesse!

Esaü répondit: voici je m'en vais mourir à quoi me servira ce droit d'ainesse? et Jacob dit: jure-le moi d'abord, il le lui jura, et il vendit son droit d'aînesse à Jacob...

c'est ainsi Qu'Esaü méprisa le droit d'aînesse, c'est pourquoi on l'appelle Edom.

" afin que la parole de Dieu soit accomplie. Ge.25:23."

Jacob béni par son père à lire les chp. Ge.27et 28.

Rébécca, leur mere avait fait tout son plan afin aider à Jacob pour prendre la bénédiction de son père, quoique Jacob lui avait refusé de le faire. Ge.27:5-13.

Rébécca dit à Jacob: écoute ma voix à l'égard de ce que je te commande.

« parce que l'Éternel lui a prédit depuis avant leur naîssance, que le plus grand sera assujetti au plus petit » En outre, Ésaü avait déja vendu le droit d'aînesse à Jacob pour un mets, et c'est aussi pour un mets qu'il a prit la bénédiction.

C'était bien le plan de Dieu, car la bénédiction était pour

le plus petit d'après le plan de Dieu; personne ne peut dévier le plan de Dieu, ou lui mentir;

Isaac a prononcé les paroles de la bénédiction, mais c'est Dieu qui la lui a donnée.

17. Isaac a donné la même bénédiction qu'Abraham son père lui a donnée à Jacob, puis il l'a béniune seconde foi

37. puis Isaac dit à Esaü: voici je l'ai établi ton maître, et je lui ai donné tous ses frères pour serviteurs....

"Comme Dieu l'avait prédi à Rébéca leur mère avant leur naîssance. Ge.25:23"

A lire le chp 28:1-19

Isaac appela Jacob, le bénit 3,4. une fois de plus; et le fit partir à Paddan-Aram...

Pendant que Jacob était en route, il eut une vision:

Ge.25:12-19

Voici, l'Éternel se tenait au-dessus de l'échelle et il dit à Jacob: Je suis le Dieu d'Abraham, ton père, et le Dieu d'Isaac. La terre sur laquelle tu es couché, je te la donnerai et à ta postérité. Ta postérité sera comme la pousière de la terre...

et toute les familles de la terre seront bénies en toi et en ta postérité. Voici, je suis avec toi, je te garderai partout...

Et je te ramènerai dans ce pays, car je ne t'abandonnerai point que je n'ai éxécuté ce que je te dis.

Remarquer que la bénédiction que l'Éternel a donnée à Jacob est la même bénédiction qu'il avait donnée à Abraham et à Isaac: Ge.15:1-7; Ge.17; Ge.26:29;

Ge.28:1-4,13-15; Ge.31:3. l'Éternel demanda à Jacob de retourner dans son pays.

Malachie 1:2,3

Esaű n'est-il pas frère de Jacob? dit l'Éternel Cependant j'ai aimé Jacob, et j'ai eu de la haine pour Esaű.

Esaű c'est Edom.

Voici la pastérité d'Ésaû, père d'Édom: Ge.36:8-19.

Ge. 25:1-6

Abraham prit encore une femme, nommée Keture. Elle lui enfanta six fils, Abraham donna tous ses biens à Isaac. Il fit des dons aux fils de ses concubines; et, tandis qu'il vivait encore, il les envoya loin de son fils Isaac du côté de l'orient, dans le pays d'orient.

Abraham vécut cent soixante quinze ans.

Ge.32:28

L'Ange de l'Éternel qui est Jésus avant l'incarnation a changé le nom de Jacob en Israël. Osée 12:4,5.

Ge.46:2

Dieu parla à Jacob dans une vision pendant la nuit, et dit: Jacob, Jacob, d'Israël répondit: me voici! et Dieu dit: Je suis le Dieu de ton père, ne crains point de descendre en Égypte, car c'est là je te ferai devenir une grande nation.

Moi-même je descendrai avec toi en Égypte, et je t'en ferai retourner, et Joseph fermera tes yeux.

C'était bien le plan de Dieu d'utiliser Jacob, pour former le peuple Israël qui est son peuple spécial, saint pour lui, témoin de Dieu devant tous les autres peuples de la terre.

De.7:6; Ge.18:18,19; Es.66:19

<u>És.43:1-13</u>

Ainsi parle l'Éternel qui t'a crée, oh Israël!

Celui qui t'a formé, oh Israël! ne crains rien, car je t'ai racheté. Je t'appelle par ton nom, tu es à moi!

car je suis l'Éternel ton Dieu, le saint d'Israël, ton sauveur.. je donne Égypte pour ta rançon...

parce que tu as du prix à mes yeux...

parce que tu es honoré, et que je t'aime. Je donne des hommes à ta place...

Ne crain rien, car je suis avec toi. Je ramènerai de l'orient ta race je dirai au septentrion: donne! et au midi: ne retiens point! fais venir mes fils des pays lointains, et mes filles de l'éxtrémité de la terre, tous ceux qui s'appellent de mon nom, et que j'ai créé pour ma gloire, que j'ai formés et que j'ai faits.

Vous êtes mes témoins, dit l'Éternel vous et mon serviteur que j'ai choisis

J'agirai: qui s'y opposera?

Joseph vendu par ses frères

A lire Genèse 37:1-36

Les frères de Joseph pensaient qu'ils pourraient empécher à ses rêves de se réaliser. Ils le vendirent pour vingt cicles d'argent aux marchands Ismaëlites qui l'emmenèrent en Égypte.

Dieu était avec lui partout. Arriver chez Pharaon, il lui a donné le control de sa maison et tout le pays.

<u>Ge. 41:41</u>

Pharaon a dit à Josep: Je te donne le commandement de tout le pays d'Égypte. Il ota son anneau de la main, et le mis à la main de Joseph; il le revêtit d'habits de fin lin et lui mit un colier d'or au cou...

Rencontre de Jos'ph avec ses frères et son père, le commancement du peuple d'Israël en Égypte.

A lire Genèse 45-50.

Ge.45:5

Joseph dit à ses frères: Maintenant, ne vous affligez pas, et ne vous fâchez pas de m'avoir vendu pour être conduit ici, car c'est pour vous sauver la vie que Dieu m'a envoyé devant vous.

la mort de Joseph

Ge.50:22-26

Joseph demeura en Égypte, lui et la maison de son père. Il vécut cent dix ans...

Joseph dit à ses frères: je vais mourir! mais Dieu vous visitera, et il vous fera remonter de ce pays-ci dans le pays qu'il a juré de donner à Abraham, à Isaac et à Jacob.

Joseph, fit jurer les fils d'Israël, en disant: Dieu vous visitera, et vous ferez remonter mes os loin d'ici. Joseph mourut, âgé de cent dix ans.

Det.10:15,22

Tes pères descendirent en Égypte au nombre de soixant-dix personnes; et maintenant l'Éternel, ton Dieu, a fait de toi une multitude pareille aux étoiles des cieux.

CHRIST, LE SEUL SAUVEUR DU MONDE

SA DIVINITÉ

Ge.3:15,21; És.9:5,6; Mt.1:23-25; Jn.1:1-5; Jn.5:17-19; Jn.17:3-5; Jn.20:31;1Co.8:6; He.1:2-12; He.9:11-24; He.10:4-10; Col.1:12-20; Ép.1:7-12,20-23; Ép.2:13; Ap.1:5-8

Sujet: Le plan du salut

Signification de salut: Le fait d'être échappé à la mort. Le fait d'être sauvé de l'état naturel du péché, et la
Damnation qui en résulterait, le salut de son âme.
Texete: He.7:1-3,15-28; He.9:11-28
Titre: Christ le souverain sacrificateur supérieur à ceux de l'ancienne alliance
Proposition: Jésus, le médiateur d'une alliance nouvelle, et parfaite, son sacrifice est unique et éternel.
He.7:1-3,15-28; He.9:11-28
Objectif: Le but est de faire comprendre aux lécteurs le plan de Dieu pour l'humanité, et la réalisation de la promesse qu'il fit à Abraham et à sa postérité qui s'étend sur l'humanité, associé

de la bénédiction et le salut par Jésus-Christ; afin de les amener à accepter Christ comme sauveur qui est le seul moyen de réconcilier avec Dieu, afin qu'ils reçoivent la vie éternelle.

Deux objéctifs du salut:

Dieu a fait le plan du salut, 1er. Pour l'humanité, 2em. Pour Israël.

1. pour l'humanité: après la transgression d'Adam et Eve dont leur mission était de croître pour remplir la terre; mais ils ne pouvaient demeurer dans cet état de péché en présence de Dieu; c'est pourquoi Dieu à fait la promesse à Abraham, qui a la réalisation en Jésus, à tous ceux qui croient en lui étant le Fils de Dieu, qu'ils aient la vie éternelle. Ge.3:21; Ge.12:3; És.61:4,5; Jn.3:16; Luc .4:43;19:9; Gal.3:7-9,14,16; Za.14:16-21; Ap.7:9-17

2. pour Israël: à partir d'Abraham pour former son people special à lui, pour être ses témoins devant tous les autres peuples sur la terre, afin de leur faire savoir qu'il est le seul vrai Dieu; à travers ses serviteurs: Abraham, Isaac, de Jacob vinrent les douze tribus d'Israël; Moïse, David d'oû venait la généalogie de Jésus, le seul Sauveur du monde; et d'Israël les prémices de la terre pour Dieu, et pour l'Agneau pendant son règne sur la terre, le millénium. Ge.12:2; Ge.12:15-17; Ge.13:14-18; Éx.19:5,6; De.4:20; De.7:6-8; És.61:4-11; És.62:1-4,11,12; Éz'37:21-28; Mt.6:10; Ap.11:15-17; Lu.24:47; Ép.1:12-14; Ap.2:25,26; Ap.3:10-12; Ap.7:3,4; Ap.14:1-5; Ap.21:2-4,9-14; Ap.22:3-5

Genèse 3:15,21

Dieu dit au serpent

Je mettrai inimitié entre toi et la femme, entre ta postérité et sa postérité: celle-ci t'écrasera la tête, et tu lui blesseras le talon.

l'Éternel Dieu fit à Adam et sa femme des habits de peau, et les revêtit; N'est ce pas là, une représentation de Christ, qui devait verser son sang pour le pardon de nos péchés! une allusion de Christ, le Fils de Dieu qui par le sacrifice de son sang justifie quiconque l'accepte comme sauveur! Ro.5:8-15.

Galates 3:22-24

L'écriture a tout renfermé sous le péché, afin que ce qui avait été promis soit donné par la foi en Jésus-Christ à ceux qui croient. Ge.12:2,3; Ge.18:18

Avant que la foi vînt nous étions enfermés sous la garde de la loi, en vue de la foi qui devait être révélée.

Ainsi la loi a été comme un précepteur pour nous conduire à Christ, afin que nous soyons justifiés par la foi.

Ésaïe 9:5

Un enfant nous est né, un fils nous est donné, et la domination reposera sur son épaule; on l'appellera: Admirable, Conséille, Dieu puissant, Père éternel,

Prince de paix. És.53

Romain 5:1-17

1. Étant donc justifiés par la foi, nous avons la paix avec Dieu par notre Seigneur Jésus-Christ... És.9:6.

12. Par un seul homme le péché est entré dans le monde, et qu'ainsi la mort s'est étendue sur tous les hommes, parce que tous ont péché...

15b. La gràce de Dieu et le pardon venant d'un seul homme, Jésus-Christ, ont-ils été abondamment répandus sur beaucoup. si par l'offense d'un seul la mort a régné par lui seul, à plus forte raison ceux qui reçoivent l'abondance de la grâce et du don de la justice règneront-ils dans la vie par Jésus-Christ.

1Pierre 2:24

En lui qui a porté lui-même nos péchés en son corps sur le bois, afin que morts aux péchés nous vivions pour la justice; lui qui par les meurtrissures duquels vous avez été guéris. És.53:1-8

Luc 24:44-47. Jésus dit

Il fallait que s'accomplisse tout ce qui est écrit de moi dans la loi de Moïse, dans les prophétes et dans les psaumes: ainsi il est écrit que le Christ souffrirait, et qu'il ressusciterait des morts le troisième jour, et que la repentance et le pardon des péchés seraient préchés en son nom à toute les créations, à commencer par Jérusalem, vous êtes témoins de ces choses. Ac.3:18; És.50:6,33-51; És.53:5; Lu.24;27

Jean 6:33,35,38,40,47-51:Jésus dit:

Le pain de Dieu, c'est celui qui descend du ciel et qui donne'la vie au monde.

Je suis le pain de vie,'Celui qui vient à moi n'aura jamais faim, et celui qui croit en moi n'aura jamais soif.

Je suis descendu du ciel pour faire, non ma volonté, mais la volonté de celui qui m'a envoyé. or, la volonté de celui qui m'a envoyé, c'est que je ne perd rien de tout ce qu'il m'a donné, mais que je le ressuscite au dernier jour.

La volonté de mon père, c'est quiconque voit le fils et croit en lui ait la vie éternelle, et je le ressusciterai au dernier jour. Jn.3:16;4:6,27,54.

En vérité, en vérité, je vous le dis, celui qui croit en moi a la vie éternelle.

Je suis le pain de vie. C'est ici le pain qui descend du ciel, afin que celui qui en mange ne meure point.

Je suis le pain vivant qui est descendu du ciel. Si quelqu'un mange de ce pain, il vivra éternellement; et le pain que je donne c'est ma chair, que je donne pour la vie du monde...

Celui qui mange ma chair et qui boit mon sang a la vie éternelle; et je le ressusciterai au dernier jour. Il demeure en moi et je demeure en lui.

Philipien 2:11

Que toute langue confesse que Jésus-Christ est Seigneur à la gloire de Dieu le Père.

Jean 8:12,51; Jésus dit:

Je suis la lumière du monde; celui qui me suit ne marchera pas dans les tènèbres, mais 'l aura la lumière de la vie. En vérité en vérité je vous le dis, si quelqu'un garde ma parole, il ne verra jamais la mort. Jn.11:25,26

Jean 11:25,26: Jésus dit:

Je suis la résurrection et la vie. Celui qui croit en moi vivra, quand même il serait mort.

Et qui quonque vit et croit en moi il ne mourra jamais. crois-tu cela?

LA TRINITE

Le mot Trinité ne se trouve pas dans la Bible, mais il détermine les trois caractères de Dieu dans l'Écriture pour se faire connaître à l'homme.
Trinité signifie trois personnes en un seul Dieu:
Dieu le Pére, le créateur, Ge.1:1-30
Dieu le Fils, le Rédempteur, Hé.10:1-21; Col. 1:12-20
et Dieu le Saint Ésprit, le consolateur. Jean 16:13
Le' passages suivants approuvent la Trinité:

Genèse 21:26

Puis Dieu dit: <u>Faisons l'homme à notre image, selon notre ressemblance...</u>

Genèse 3:22

L'Éternel Dieu dit: Voici, l'homme est devenu comme <u>l'un de nous</u>, pour la connaissance du bien et du mal. <u>Empêchons-le</u> maintenant d'avancer sa main, 'e prendr' de l'arbre de vie, "en manger, et de vivre éternellement.

Abraham mis à l'épreuve par l'Éternel qui lui demande d'offrir en holocauste son fils Isaac.

Genèse 22:1,2,11-18

1. Après ces choses, <u>Dieu mit</u> Abraham à l'épreuve, et lui dit: Abraham! Il répondit: Me voici!

2. <u>Dieu dit</u>: Prends ton fils, ton unique, celui que tu aimes, Isaac; va-t-en au pays de 'orij', et là, offre-le 'n holocauste sur l'une des montagnes que <u>je te dirai</u>. Hé 11:17.

11. Alors <u>l'ange de l'Éternel { Jésus avant l'incarnation}</u> l'appela des cieux, et dit: Abraham! Abraham! Et il répondit: Me voici!

12. <u>L'ange dit'</u> N'avance pas ta main sur l'enfant, et ne lui fais rien; car <u>je sais</u> maintenant que tu crains Dieu, et que tu <u>ne m'as pas refusé</u> ton fils, ton uni'ue.

15. <u>L'ange de l'Éternel</u> appela une second' fois Abraham des cieux,

16. et dit: <u>je le jure par moi-même, parole de l'Éternel!</u> parce que tu as fait cela, et que <u>tu ne m'as pas refusé ton fils,</u> ton unique, Luc 1:73; Hé.6:13

17. <u>je te bénirai et je multiplierai ta postérité</u> comme le sable qui est sur le bord de la mer; et ta postérité possédera la porte de ses ennemis. Ge. 24:60.

18. Toutes les nations de la terre seront bénies en ta postérité, parce que <u>tu as obéi à ma voix.</u>

Ge. 31.3,11,13.

L'Éternel dit: Jacob retourne aux pays de tes pères...

11   et l'ange de Dieu me dit en songe...

13. Je suis le Dieu de Betèl... tu m'avais fait un voeu...

Ésaïe 9:5

Car un enfant nous est né, un fils nous est donné; et la domination reposera sur son épaule: On l'appellera Admirable, Conseiller, Dieu puissant, Père éternel, Prince de la paix. Es. 22:22; Lc 2:10; Jn 4:10; És. 11:2; Jé. 23:6.

Juges 6:10-12,14,25

10. Je vous ai dit: Je suis l'Éternel votre Dieu; vous ne craindrez point les dieux des Amoréens, dans le pays desquels vous habiterez. Mais vous n'avez point écouté ma voix.

11. Puis vint l'ange de l'Éternel, et il s'assit sous le térébinthe d'Ophra, qui appartient à Joas, de la famille d'Abiézer. Gédéon, son fils, battait du froment au pressoir, pour le mettre à l'abri de Madian.

12. L'ange de l'Éternel lui apparut, et lui dit: L'Éternel est avec toi, vaillant héros!

14. L'Éternel se tourna vers lui, et dit: Va avec cette force que tu as et délivre Israël de la main de Madian; n'est-ce pas moi qui t'envoie? 1S.12:11; Hé.11:3.

20. L'ange de Dieu lui dit: Prends la chair et les pains sans

levain, pose-les sur ce rocher, et répands le jus. Et il fit ainsi.

21. L'ange de l'Éternel avança l'éxtrémité du baton qu'il avait à la main, et toucha la chair et les pains sans levain. Alors s'éleva du rocher un feu qui consuma la chair et les pains sans levain. Et l'an'e de l'Éternel disparut à ses yeux.

21. Gédéon, voyant que c'était l'ange de l'Éternel, dit: Malheur à moi, Seigneur l'Éternel! car' j'ai vu l'ange de l'Éternel face à face.

23. Et l'Éternel lui dit: Sois en paix, ne crains point, tu ne mourras pas.

24. Gédéon bâtit l' un autel à l'Éternel, et lui donna pour nom l'Éternel paix; il existe encore aujourd'hui à Ophra, qui appartenait à la famille d'Abiézer.

Dans la nuit, l'Éternel dit à Gédé'n: P'ends 'e jeune taureau de ton père, et un second taureau de sept ans. Renverse l'autel de Baal qui est à ton père, et'abats le pieu sac'é qu' est dessus.

L'ange de l'Éternel, c'est Jésus avant son i'carn'tion.
Ge.32:28; Éx14:19; Osée 12:4'6; Juge 6'10-23 etc.
Un ange méssager ne reçoit pas d'adoration, Ap 19:10.
L'ange de l'Éternel, qui est Jésus au contraire en accèpte.

Jos.5:13-15
L'ange de l'Éternel donne des ordres et Il prédit l'avenir, mais l'ange qui est le méssager dit: ainsi parle l'Éternel.

Psaume 34:8

L'a'ge d' l'Éternel campe autour de ceux qui le craignent, et il les arrache au danger. Éx.13:21; 14:19

Genèse 16:9-11

9. L'ange de l'Éternel lui dit: Retourne vers ta maîtresse, et humilie-toi sous sa main.

10. L'ange de l'Éternel lui dit: Je multiplierai ta postérité, et elle sera si nombreuse qu'on ne pourra la compter.

11. L'ange de l'Éternel lui dit: Voici, tu es enceinte, tu enfanteras un fils, à qui tu donneras le nom d'Ismaël; car

l'Éternel t'a entendu dans ton affliction. Ge. 2131:11-13; Éx. 3:2-21.

Éxode 23:20-23

L'Éternel dit: Voici, j'envoie un ange devant toi, pour te proteger en chemin, et pour te faire arriver au lieu que je t'ai preparé.

21. Tiens-toi sur tes gardes en sa présence, et écoute sa voix; ne lui résiste point, parce qu'il ne pardonnera pas vos péchés, car mon nom est en lui

22. mais si tu écoute sa voix, et si tu fais tout ce que je te dirai, je serai l'ennemis de tes ennemis et l'adversaire de tes adversaires.

23. mon ange marchera devant toi et te conduira chez les Amoréens, les Héviens, les Phéreziens et les Jébussiens, les Cananéens et je les éxterminerai.

Jean 1:18

Personne n'a jamais vu Dieu, Dieu le Fils unique qui est dans le sein du Père est celui qui l'a fait connaître.

'Juge' 13:17,18

Manoach dit a l'ange de l'Éternel: quel est ton nom ? L'ange de l'Éternel lui repondit: il est merveilleurx
22. et il dit a sa femme: nous allons mourir car nous avons vu Dieu
Os.12:4,5 Jacob lutta avec l'ange de l'Éternel, qui est Dieu le Fils, ou Jésus.

Josué 5:13-15

13. Comme Josué était près de J'richo' il leva les yeux, et regarda. Voici, un homme se tenait debout devant lui, son épée nue dans la main. Il alla vers lui, et lui dit: Es-tu des nôtres o' de n's ennemis? És. 23:23

14. Il répondit: Non, mais je suis le chef l'armée de l'Éternel, j'arrive maintenant. Josué tomba le visage contre terre, se prosterna, et lui dit: Qu' est-ce que mon seigneur dit à son serviteur?

Et le chef de l'armée de l'Éternel dit à Josué: Ote tes souliers de tes pieds, car le lieu sur lequel tu te tiens est saint. Et Josué fit ainsi.

Matthieu 1:23

Voici, la vierge sera enceinte, elle enfantera un fils, et on lui donnera le nom d'Emmanuel, ce qui signifie Dieu avec nous. És.7:14.

Matthieu 28:19

Allez, faites de toutes les nations des disciples, les baptisant au nom <u>du Père, du Fils et du Saint-'sprit dit Jésus.</u>

Jean 1:1-5

1. Au commencement était <u>la parole</u>, et la <u>parole était avec</u> <u>Dieu</u>, et <u>la parole était Dieu.</u>

2. <u>Elle était dès le commencement avec Dieu.</u> Jn.17:5

3. <u>Toutes choses ont été faites par elle, et rien de tout ce</u> <u>qui</u>

<u>a été fait n'a été fait sans elle.</u> Ge.1:3; Ps.33:6; Ép.3:9; Col 1:16 Hé.1:2.
<u>En elle était la vie, et la vie était la lumière</u> des hommes.
<u>La lumière</u> brille dans les ténèbres, et les ténèbres ne l'ont point reçue. Jn.3:19.

Hébreux 1:3-12

3. Dieu a crée l'univers par son Fils, il est le reflet de sa gloire et l'empreinte de sa personne et soutenant toutes choses par sa parole puissante a fait la purification des pécheurs et s'est as'is à la droite de la majésté divine dans les lieux très hauts

8. mais <u>il a dit au Fils</u>: Ton trône, <u>ô Dieu</u>, est éternel; le scèptre de ton règne est un scèptre d'équité!

9. Tu as aimé la justice, et tu as haï l'iniquité; c'est pourquoi, <u>ô Dieu, ton Dieu t'a oint</u> d'une huile de joie au-dessus de tes égaux.

10. Et encore: <u>Toi Seigneur, tu as au commencement fondé la terre</u>, et <u>les cieux sont l'ouvrage de tes mains</u>. Ps. 102:26

11. Ils périront, mais tu subsistes; ils vieilliront tous comme un vêtement,

12. <u>Tu les rouleras</u> comme un manteau et ils seront changés; <u>mais toi, tu restes le même, et tes années ne finiront point.</u>

Jean 10:30

<u>Moi et mon Père nous sommes un.</u> És. 54:5; Jn. 5:19; 14:9; 17:5

Jean 14:7-14

7. <u>Si vous me connaissez, vous conn'issez aussi mon Père.</u> Et dès maintenant vous le connaissez, et vous l'avez vu.

8. Philippe lui dit: Seigneur, montre-nous le Père, et cela nous suffit.

9. Jésus lui dit: Il a y si longtemps que je suis avec vous, et tu ne m'as pas connu, Philippe! <u>Celui qui m'a vu a vu le Père</u>; comment dis-tu: Montre-nous le Père? Jn.10:30

10. Ne crois-tu pas que <u>je suis dans le Père, et que le Père est en moi</u>? Les paroles que je vous dis, je ne les dis p's de moi-même;

et <u>le Père qui demeure en moi, c'est lui qui fait les œuvres.</u>

Jn.10:30-38; Jn.7:16; 8:28; 12:49; 14:14; 16:13; 17:21; 5:17

11. Croyez-moi, je suis dans le Père, et le Père est en moi; croy'z du moins à cause de ces œuvres.

26. Mais le consolateur, l'Ésprit Saint, que le Père enverra en mon vous enseignera toutes choses, et vous rappellera tout ce que je vous ai dit. Luc 24:49; Jn.15:26; 16:7; Ac.2:4; Jn.16:13.

Jean 16:13

Quand le consolateur sera venu, l'Ésprit de vérité, il vous conduira dans toute la vérité; car il ne parlera pas de lui-même, mais il dira tout ce qu'il aura entendu, et il vous annoncera les choses à venir.

Il me glorifiera, parce qu'il prendra … et qu'il vous annoncera…

Jn. 14:26; Jn. 15:26; Jn. 16:7, 8; Ac. 1:8; Ac. 2:3, 4; Ac. 5:32; 2 Ti. 1:7.

1 Corinthens 8

Néanmoins pour nous il n'y a qu'un seul Dieu, le Père de qui viennent toutes choses et pour qui nous sommes, et un seul Seigneur, Jésus-Christ, par qui sont toutes choses et par qui nous sommes.

Lévitique 17:10-14

10. Si un homme de la maison d'Israël ou des étrangers qui séjournent au milieu d'eux mange du sang d'une éspèce quelconque, je tournerai ma face contre celui qui mange le sang, et je le retrancherai du milieu de son peuple.

11. car l'âme de la chair est dans le sang. Je vous l'ai donné sur l'autel, afin qu'il servît d'éxpiation pour vos âmes, car c'est par l'âme que le sang fait l'éxpiation.

13. Si quelqu'un des enfants d'Israël ou des étrangers qui séjournent au milieu d'eux prend à la chasse un animal ou un oiseau qui se mange, il en versera le sang, et le couvrira de poussière.

Car l'âme de toute chair, c'est son sang, qui est en elle. C'est pourquoi j'ai dit aux enfants d'Israël: Vous ne mangerez le sang d'aucune chair; car l'âme de toute chair c'est son sang: quiconque en mangera sera retranché.

Ainsi on peut comprendre que l'animal a deux parties (dichotomie) le corps, et l'âme, qui est dans le sang.

Mais l'homme a trois parties (trichotomie) le corps, l'âme, et l'ésprit, qui se sép'rent l'une de l'autre à la mort. 1Th.5:23.

Ac. 5:3,9

3. Pierre lui dit: Ananias, pourquoi Satan a-t-il rempli t'n cœur, au point que tu mentes au Saint-Ésprit, et que tu aies retenu une partie du prix du champ?

4. Comment as-tu pu mettre en ton cœur un pareil dessein?

Ce n'est pas à des hommes que tu a menti, mais à Dieu.

Alors Pierre lui dit: Comment vous êtes-vous accordés pour tenter l'Ésprit du Seigneur? Voici, ceux qui ont enseveli ton mari sont à la porte, et ils t'emporteront.

Matthieu 13:11-17

12. Jésus leur répondit: Parce qu'il vous a été donné de connaître le mystère du royaume des cieux, et que cela ne leur a pas été donné. 2 Co. 3:14; Mt. 11:25.

13. C'est pourquoi je leur parle en paraboles, parce qu'en

voyant ils ne voient point, et qu'en entendant ils n'entendent ni ne comprennent.

14. Et pour eux s'accomplit cette prophétie d'Ésaïe: Vous entendrez de vos oreilles, et vous ne comprendrez point, vous regarderez de vos yeux, et vous ne verrez point; És. 6:9; Mc. 4:12; Lc. 8:10; Jn. 12:40; Ac. 28:26; Ro. 11:8

15. car le cœur de ce peuple est devenu insensible; ils ont endurci leurs oreilles, et ils ont fermé leurs yeux, de peur qu'ils ne voient de leurs yeux, qu'ils n'entendent de leurs oreilles, qu'ils ne se convertissent, et que je ne les guérisse.

16. Mais heureux sont vos yeux, parce qu'ils voient, et vos oreilles, parce qu'elles entendent!

17. Je vous le dis en vérité, beaucoup de prophètes et de juste ont désiré voir ce que vous voyez, et ne l'ont pas vu, entendre ce que vous entendez, et ne l'ont pas entendu. 1 Pi. 1:10

Da.12.10: aucun des méchants ne comprendra, mais ceux qui auront de l'intelligence comprendront.

l'Esprit de vérite que le monde ne peut recevoir...dit Jésus. Jn.14:17.

Les choses révélées aux enfants.

Matthieu 11:25-27

24. En ce temps-là, Jésus prit la parole, et dit: Je te loue,'Père, Seigneur du ciel et de la terre, de ce que tu a' caché ces choses aux sages et aux intelligents, et que tu les as

révélées aux enfants, oui, Père, je te loue de ce que tu l'as voulu ainsi.

27. Toutes choses m'ont été données par mon Père, et <u>personne ne connaît le Fils, si ce n'est le Père; personne non plus ne connaît le Père, si ce n'est le Fils et celui à qui le Fils veut le révéler.</u> Mt. 28:18; Lc10:22; Jn 3:35; Jn 1:18; 6:46.

1 Corinthiens 2:10-16

Dieu nous les a révélées par l'Esprit. Car l'Ésprit sonde tout, même les profondeurs de Dieu. Mt. 13:11; 2 Co. 3:18.
Lequel des hommes, en effet, connaît les choses de l'homme, si ce n'est l'ésprit de l'homme qui est en lui? De même, personne ne connaît les choses de Dieu, si ce n'est
l'Ésprit de Dieu. Pr. 27:19; Jé. 17:9.
Or nous, nous n'avons pas reçu l'ésprit du monde, mais l'Ésprit qui vient de Dieu, afin que nous connaissions les choses que Dieu nous a données par sa grâce. Ro. 8:15. Et nous en parlons, non avec des discours qu'enseigne la sagesse humaine, mais avec ceux qu'enseigne l'Esprit, employant un langage spirituel pour les choses spirituelles.
1Co. 1:17; 2:4; 2 Pi. 1:16.
Mais l'homme animal ne reçoit pas les choses de l'Ésprit de Dieu, car elles sont une folie pour lui, et il ne peut les connaître, parce que c'est spirituellement qu'on en juge.
L'homme spirituel, au contraire, juge d' tout, et il n'est lui-même jugé par personne. Pr. 28:5.
Car, qui a connu la pensée du Seigneur, pour l'instruire? Or nous, nous avons la pensée de Christ. És. 40:13; Ro. 11:34.

Matthieu 3:16,17

14. Dès que <u>Jésus</u> eut été baptisé, il sortit de l'eau. Et voici, les cieux s'ouvrirent, et il vit <u>l'Ésprit de Dieu descendre comme une colombe et venir sur lui.</u>

És.11:2;24:1; Jn.1:32

15. Ét voici, <u>une voix fit entendre des cieux</u> ces paroles <u>Celui-ci est mon Fils</u> bien-aimé, en qui j'ai mis toute mon aféection. És. 42:1; Mt. 12:18; 17:5; Lc. 9:35; Col. 1:13; 2 Pi.1:17.

Matthieu 28:19

<u>Jésus dit: baptizez au nom du Père, du Fils et du Saint-Ésprit.</u>
<u>Tous ses verbs suivants sont attribués à une personne; c'est ce qui prouve que le Saint Ésprit est une des trois personnes de la Trinité.</u>
Le Saint-Ésprit peut entendre. On peut l'attrister, Il peut témoigner, Il donne des ordres, Il dirige, Il enseigne, Il parle, Il peut empêcher, Il prend, Il donne, Il console,
Il condui etc. Jn.14:16,17,26; Jn.15:26; Jn.16:7-15; Ac.1:8;16:6; 1Co.12:11,13; Mt3: 6:17; Mt.12:31;
Mt.13:11-15; Ép.4:30; Ac.5:3

1Cor.12:11

Un seul et même Ésprit opère toutes ces choses, les distribuant à chacun en particulier comme il veut.

Jean 6.57

Comme le Père qui est vivant m'a envoyé, et que je vis par le Père, ainsi celui qui me mange vivra par moi.

Actes 16:6

'yant été <u>empêchés par le Saint-Esprit</u> d'annoncer la parole dans l'Asie, ils traversèrent la Phrygie et le pays de Galatie.'

Ph.3:2, 3

2. Prenez garde aux chiens, prenez garde aux mauvais ouvriers, prenez garde aux faux circoncis;

3. car les circoncis, c'est nous, qui rendons <u>à Dieu</u> notre culte <u>par l'Ésprit de Dieu</u>, qui nous glorifions <u>en Jés's-Christ</u>, et qui ne mettons point notre confiance en la chair.

1 Timothée 4:1

Mais <u>l'Ésprit dit</u> expressément que, dans les derniers temps, quelques-uns abandonneraient la foi, pour s'attacher à des ésprits séducteurs et à des doctrines de démons.
2 Ti.3:1
2 Pi.3:3; Jude18; Mt.24:23; 2Th.2:3.

Éphésiens 4:30

<u>N'attristez pas le Saint-Ésprit de Dieu</u>, par lequel vous avez été scellés pour le jour de la rédemption.

Genèse 11:7, 8

7. <u>Allons! descendons!</u> et là, <u>confondons leur langage</u>, afin qu'ils n'entendent plus la langue les uns des autres.

8. Et l'Éternel les dispersa loin de l' sur la face de toute la terre; et ils cessèrent de bâtir la ville. De.32:8; Ac.17:26

2 Corinthiens 13:13

Que <u>la grâce du Seigneur Jésus-Christ</u>, l'<u>amour de Dieu</u>, et la <u>communication du Saint-Ésprit</u>, soient avec vous tous.

1 Pierre 1:2

Et qui sont é'us 'ar la préscience de <u>Dieu, le Père</u>, par la sanctification de <u>l'Ésprit</u>, afin qu'ils deviennent obéissants, et qu'ils participent à l'aspersion du sang de <u>Jésus-Christ</u>; que la grâce et la paix vous soient multipliées!

1 Thessaloniciens 5:23

Que <u>le Dieu</u> de paix vous sanctifie lui-même tout entier, et que <u>votre être, l'ésprit l'âme et le corps,</u> soit conservé irrépréhensible lors de l'avènement de notre Seigneur Jésus-Christ.

L'ÉTERNEL COMBAT POUR SON PEUPLE

Victoire de David sur les Philistins.

1 Chr'niques 14:13-17

13. Les philistins se r'pandirent de nouveau dans la vallée.

14. David consulta encore Dieu. Et <u>Dieu lui dit</u>: Tu ne monteras pas après eux; détourne-toi d'eux, et tu arriveras sur eux vis-à-vis des mûriers.

15. Quand tu entendras un bruit de pas dans les cimes des mûriers, al'rs tu sortiras pour combattre, <u>car c'est Dieu qui marche devant toi pour battre l'armée des Philistins</u>.

16. David fit ce que Dieu lui avait ordonné, et l'armée des Philistins fut battue depuis Gabaon jusqu'à Guézer.

17. La renommée de David se répandit dans tout les pays, et l'Éternel le rendit redoutable à toutes les nations.

Victoire d'Asa sur Zérach et les Ethiopiens.

2 Chroniques 14:8-14

8. Zérach, l'Ethiopien, sortit contre eux avec une armée d'un million d'hommes et trois cents chars, et il s'avança jusqu'à Maréscha. 2 Ch. 16:8

9. Asa marcha au-devant de lui, et ils se rangèrent en bataille dans la vallée de Tsephata, près de Maréscha.

10. Asa invoqua l'Éternel, son Dieu, et dit: l'Éternel, toi seul peux venir en aide au faible comme au fort: viens à notre aide, l'Éternel, notre Dieu! Car c'est sur toi que nous nous appuyons, et nous sommes venus en ton nom contre cette multitude. Éternel, tu es notre Dieu: que ce ne soit pas l'homme qui l'emporte sur toi! 1 S.14:6

11. L'Éternel frappa les Ethiopiens devant Asa et devant Juda, et les Ethiopiens prirent la fuite

12. Asa et le peuple qui était avec lui les poursuivirent jusqu'à Guérar, et les Ethiopiens tombèrent sans pouvoir sauver leur vie, car ils furent détruits par l'Éternel et par son armée. Asa et son peuple firent un très grand butin;

13. ils frappèrent toutes les villes des environs de Guérar, car la terreur de l'Éternel s'était emparée d'elles et ils pillèrent toutes les villes dont les dépouilles furent considérables.

14. Ils frappèrent aussi les tentes des troupeaux, et ils emmenèrent une grande quantité de brebis et de chameaux. Puis ils retournèrent à Jérusalem.

Éxode 9:13-26

13. L'Éternel dit à Moïse: Lève-toi de bon matin, et présente-toi devant Pharaon. Tu lui diras: Ainsi parle l'Éternel, le Dieu des Hébreux: Laisse aller mon peuple, afin qu'il me serve.

14. Car, cette fois, je vais envoyer toutes mes plaies contre ton cœur, contre tes serviteurs et contre ton peuple, afin que tu saches que nul n'est semblable à moi sur toute la terre.

15. Si j'avais étendu ma main, et que je t'eusse frappé par la mortalité, toi et ton peuple, tu aurais disparu de la terre.

16. Mais, je t'ai laissé subsister, afin que tu voies ma puissance, et que l'on publie mon nom par toute la terre.

17. Si tu t'élèves encore contre mon peuple, et si tu ne le laisses point aller,

18. voici, je ferai pleuvoir demain, à cette heure, une grêle tellement forte, qu'il n'y en a point eu de semblable en Égypte depuis le jour où elle a été fondée jusqu'à présent..

19. Fais donc mettre en sûreté tes troupeaux et tout ce qui est à toi dans les champs. La grêle tombera sur tous les hommes et sur tous les animaux qui se trouveront dans les champs et qui n'auront pas été recueilli dans les maisons, et ils périront.

20. Ceux des serviteurs de Pharaon qui craignirent la parole de l'Éternel firent retirer dans les maisons leurs serviteurs et leurs troupeaux.

21. Mais ceux qui ne prirent point à cœur la parole de l'Éternel laissèrent leurs serviteurs et leurs troupeaux dans les champs.

22. L'Éternel dit à Moïse: Etends ta main vers le ciel: et qu'il tombe de la grêle dans tout le pays d'Égypte sur les hommes, sur les animaux, et sur toutes les herbes des champs, dans le pays d'Égypte.

23. Moïse étendit sa verge vers le ciel; et l'Éternel envoya des tonnerres et de la grêle, et le feu se promenait sur la terre. L'Éternel fit pleuvoir de la grêle sur le pays d'Égypte.

24. Il tomba de la grêle, et le feu se mêlait avec la grêle; elle était tellement forte qu'il n'y en avait point eut de semblable dans tout le pays d'Égypte depuis qu'il existe comme nation.

25. La grêle frappa, dans tout le pays d'Égypte, tout ce qui était dans les champs, depuis les hommes jusqu'aux animaux; la grêle frappa aussi toutes les herbes des champs, et brisa tous les arbres des champs.

26. Ce fut seulement dans le pays de Gosen, où étaient les enfants d'Israël, qu'il n'y eut point de grêle

Éxode 11:5-7

5. et tous les premiers-nés mourront dans le pays d'Égypte, depuis le premier-né de Pharaon assis sur son trône, jusqu'au premier-né de la servante qui est derrière la meule, et jusqu'à tous les premiers-nés des animaux.

6. Il y aura dans tout le pays d'Égypte de grands cris, tels qu'il n'y en a point eu et qu'il n'y en aura point de semblables.

7. Mais parmi tous les enfants d'Israël, depuis les hommes jusqu'aux animaux, pas même un chien ne remuera sa langue, afin que vous sachiez quelle différence l'Éternel fait entre l'Égypte et Israël.

Éxode 12:23,29

23. Quand l'Éternel passera pour frapper l'Égypte, et verra le sang sur le linteau et sur les deux poteaux, l'Éternel passera par-dessus la porte, et il ne permettra pas au destructeur d'entrer dans vos maisons pour vous frapper.

29. Au milieu de la nuit, l'Éternel frappa tous les premiers-nés dans le pays d'Égypte depuis le premier-né de Pharaon assis sur son trône, jusqu'au premier-né du captif dans sa prison, et jusqu'à tous les premiers-nés des animaux.

Éxode 14:14, 24-31

14. L'Éternel combattra pour vous, et vous, gardez le silence.

24. A la veille du matin, l'Éternel, de la colonne de feu et de nuée, regarda le camp des Égyptiens, et mit en désordre le camp des Égyptiens.

25. Il ôta les roues de leurs chars et en rendit la marche difficile. Les Égyptiens dirent alors: Fuyons devant Israël, car l'Éternel combat pour lui contre les Égyptiens.

26. l'Éternel dit à Moïse: Etends ta main sur la mer; et les eaux reviendront sur les Égyptiens, sur leurs chars et sur leurs cavaliers.

27. Moïse étendit sa main sur la mer. Et vers le matin, la mer reprit son impétuosité, et les Égyptiens s'enfuirent à son approche; mais l'Éternel précipita les Égyptiens au milieu de la mer.

28. Les eaux revinrent, et couvrirent les chars, les cavaliers et toute l'armée de Pharaon, qui étaient entrés dans la mer après les enfants d'Israël; et il n'en échappa pas un seul.

29. Mais les enfants d'Israël marchèrent à sec au milieu de la mer, et les eaux formaient comme une muraille à leur droite et à leur gauche

30. En ce jour, l'Éternel délivra Israël de la main des Égyptiens; et Israël vit sur le rivage de la mer les Égyptiens qui étaient morts.

31. Israël vit la main puissante que l'Éternel avait dirigée contre les Égyptiens. Et le peuple craignit l'Éternel, et il crut en l'Éternel et en Moïse, son serviteur.

Éxode 33:1-3,14

1. L'Éternel dit à Moïse: Va, pars d'ici, et le peuple que tu as fait sortir du pays d'Égypte; monte vers le pays que j'ai juré à Abraham, à Isaac et à Jacob, en disant: Je le donnerai à ta postérité.

2. J'enverrai devant toi un ange, et je chasserai les Cananéens, les Amoréens, les Héthiens, les Phéréziens, les Héviens et les Jébusiens

3. Monte vers ce pays où coulent le lait et le miel. Mais je ne monterai point au milieu de toi, de peur que je ne te consume en chemin, car tu es un peuple au cou raide…

14. L'Éternel répondit: Je marcherai moi-même devant toi, et je te donnerai du repos.

La bataille de Gabaon

Josué 10:3-5,10-14

3. Adoni-Tsédek, roi de Jérusalem, fit dire à Hoham, roi d'Hébron, à Piream, roi de Jarmuth, à Japhia, roi de Lakis, et à Debir, roi d'Églon:

4. Montez vers moi, et aidez-moi, afin que nous frappions Gabaon, car elle a fait la paix avec Josué et les enfants d'Israël.

5. Cinq rois des Amoréens, le roi de Jérusalem, le roi d'Hébron, le roi de Jarmuth, le roi de Lakis, le roi d'Églon, se réunirent ainsi et montèrent avec toutes leurs armées; ils vinrent camper près de Gabaon, et l'attaquèrent.

10. L'Éternel les mit en déroute devant Israël; et Israël leur fit éprouver une grande défaite près de Gabaon, les poursuivit sur le chemin qui monte à Beth-Horon, et les battit jusqu'à Azéka et à Makkéda.

11. Comme ils fuyaient devant Israël, et qu'ils étaient à la descente de Beth-Horon, l'Éternel fit tomber du ciel sur eux de grosses pierres jusqu'à Azéka, et ils périrent; ceux qui moururent par les pierres de grêle furent plus nombreux que ceux qui furent tués avec l'épée par les enfants d'Israël.

12. Alors Josué parla à l'Éternel, le jour où l'Éternel livra les Amoréens aux enfants d'Israël, et il dit en présence d'Israël: Soleil, arrêt

13. Et le soleil s'arrêta, et la lune suspendit sa course, jusqu'à ce que la nation eût tiré vengeance de ses ennemis. Cela n'est-il pas écrit dans le livre du Juste? Le soleil s'arrêta au milieu du ciel, et ne se hâta point de se coucher, presque tout un jour.

14. Il n'y a point eu de jour comme celui-là, ni avant ni après, où l'Éternel ait écouté la voix d'un homme; car l'Éternel combattait pour Israël.

Josué 23:9,10

9. L'Éternel a chassé devant vous des nations grandes et puissantes; et personne, jusqu'à ce jour, n'a pu vous résister.

10. Un seul d'entre vous en poursuivait mille; car l'Éternel, votre Dieu, combattait pour vous, comme il vous l'a dit.

Victoire sur les Madianites.

Juges 7:18-22

18. et quand je sonnerai de la trompette, moi et tous ceux qui seront avec moi, vous sonnerez aussi de la trompette tout autour du camp, et vous direz: Pour l'Éternel et pour Gédéon!

19. Gédéon et les cent hommes qui étaient avec lui arrivèrent aux abords du camp au milieu de la veille du milieu, comme on venait de placer les gardes. Ils sonnèrent de la trompette et brisèrent les cruches qu'ils avaient à la main.

20. Les trois corps sonnèrent de la trompette, et brisèrent les cruches; ils saisirent de la main gauche les flambeaux et de la main droite les trompettes pour sonner, et ils s'écrièrent: épée pour l'Éternel et pour Gédéon!

21. Ils restèrent chacun à sa place autour du camp, et tout le camp se mit à courir, à pousser des cris, et à prendre la fuite.

22. Les trois cents hommes sonnèrent encore de la trompette; et, dans tout le camp, l'Éternel leur fit tourner l'épée les uns contre les autres. Le camp s'enfuit jusqu'à Beth-Schitta vers Tseréra, jusqu'au bord d'abel-Mehola près de Tabath.

Deutéronome 32:30

Comment un seul en poursuivrait mille, et deux en mettraient-ils dix mille en fuite, si leur Rocher ne les avait vendus, si l'Éternel ne les avait livrés.

Les Philistins battus

1 Samuel 14:18-23

18. Et Saül dit à Achila: Fais approcher l'arche de Dieu! – Car en ce temps l'arche de Dieu était avec les enfants d'Israël.

19. Pendant que Saül parlait au sacrificateur, le tumulte dans le camp des Philistins allait toujours croissant; et Saül dit au sacrificateur: Retire ta main!

20. Puis Saül et tout le peuple qui était avec lui se rassemblèrent, et ils s'avancèrent jusqu'au lieu du combat;

et voici, les Philistins tournèrent l'épée les uns contre les autres, et la confusion était extrême.

21. Il y avait parmi les Philistins, comme auparavant, des Hébreux montés avec eux dans le camp, où ils se trouvaient disséminés, et ils se joignirent à ceux d'Israël qui étaient avec Saül et Jonathan.

22. Tous les hommes d'Israël qui s'étaient cachés dans la montagne d'Ephraïm, apprenant que les Philistins fuyaient, se mirent aussi à les poursuivre dans la bataille.

23. L'Éternel délivra Israël ce jour-là, et le combat se prolongea jusqu'au-delà de Beth-Aven.

Le géant Goliath tué par David

1 Samuel 17:41,45-50

41. Le Philistin s'approcha peu à peu de David, et l'homme qui portait son bouclier marchait devant lui…

45. David dit au Philistin: Tu marches contre moi avec l'épée, la lance et le javelot; et moi je marche contre toi au nom de l'Éternel des armées, du Dieu de l'armée d'Israël, que tu as insulté.

46. Aujourd'hui l'Éternel te livrera entre mes mains, je t'abattrai et je te couperai la tête; aujourd'hui je donnerai ta chair à manger aux oiseaux du ciel et aux animaux de la terre. Et toute la terre saura qu'Israël a un Dieu.

47. Et toute cette multitude saura que ce n'est ni par l'épée ni par la lance que l'Éternel sauve. Car la victoire appartient à l'Éternel. Et il vous livre entre nos mains.

48. Aussitôt que le Philistin se mit en mouvement pour marcher au-devant David, David courut sur le champ de bataille à la rencontre du Philistin.

49. Il mit la main dans sa gibecière, y prit une pièrre, et la lança avec sa fronde; il frappe le Philistin au front, et la pièrre s'enfonça dans le front du Philistin, qui tomba le visage contre terre.

50. Ainsi, avec une fronde et une pièrre, David fut plus fort que le Philistin; il le terrassa et lui ôta la vie, sans avoir d'épée à la main.

Victoire sur les Philistins.

2 Samuel 5:22,25

22. Les Philistins montèrent de nouveau, et se répandirent dans la vallée des Rephaïm

25. David fit ce que l'Éternel lui avait ordonné, et il battit les Philistins depuis Guéba jusqu'à Guézer.

Victoire de David sur les Philistins, les Moabites, les Syriens et les Édomites.

2 Samuel 8:5-14

5. Les Syriens de Damas vinrent au secours d'Hadadézer, roi de Tsoba, et David battit vingt-deux mille Syriens.

6. David mit des garnisons dans la Syrie de Damas. Et les Syriens furent assujettis à David, et lui payèrent un tribut. L'Éternel protégeait David partout où il allait.

7. Et David prit les boucliers d'or qu'avaient les serviteurs d'Hadadézer, et les apporta à Jérusalem.

8. Le roi David prit encore une grande quantité d'airain à Béthach et à Bérothaï, villes d'Hadadézer.

9. Thoï, roi de Hamath, apprit que David avait battu toute l'armée d'Hadadézer,

10. et il envoya Joram, son fils, vers le roi David, pour le saluer, et pour le féliciter d'avoir attaqué Hadadézer et de l'avoir battu. Car Thoï était en guerre avec Hadadézer. Joram apporta des vases d'argent, des vases d'or, et des vases d'airain.

11. Le roi David les consacra à l'Éternel, comme il avait déjà consacré l'argent et l'or pris sur toutes les nations qu'il avait vaincues,

12. sur la Syrie, sur Moab, sur les fils d'Ammon, sur les Philistins, s'r Amalek, et sur le 'utin d'Hadadézer, fils de Rehob, roi de Tsoba.

13. Au retour de sa victoire sur les Syriens, David se fit encore un nom, en battant dans la vallée du sel dix-huit mille Édomites. Ps.60:2

14. Il mit des garnisons dans Édom et tout Édom fut assujetti à David. L'Éternel protégeait David partout où il allait.

Bataille entre l'armée de David et celle d'Absalom

2 Samuel 18:5-15

5. Le roi donna cet ordre à Joab, à Abischaï et à Ittaï: Pour l'amour de moi, doucement avec le jeune Absalom! Et tout le peuple entendit l'ordre du roi à tous les chefs au sujet d'Absalom.

6. Le peuple sortit dans les champs à la rencontre d'Israël, et la bataille eut lieu dans la forêt d'Éphraïm.

7. Là, le peuple d'Israël fut battu par les serviteurs de David, et il y eut en ce jour une grande défaite de vingt mille hommes.

8. Le combat s'étendit sur toute la contrée, et la forêt dévora plus de peuple en ce jour-là que l'épée n'en dévora.

9. Absalom se trouvait en présence des gens de David. Il était monté sur un mulet. Le mulet pénétra sous les branches d'un grand térébinthe, et la tête d'Absalom fut prise au térébinthe; il demeura suspendu entre le ciel et la terre, et le mulet qui était sous lui passa outre...

14. Joab dit: Je ne m'arrêterai pas auprès de toi! Et il prit en main trois javelots, et les enfonça dans le cœur d'Absalom encore plein de vie au milieu du térébinthe

15. Dix jeunes gens, qui portaient les armes de Joab, entourèrent Absalom, le frappèrent et le firent mourir.

Victoire d'Achab sur Ben-Hadad, roi de Syrie.

1 Rois 20:1-30.

Joram contre les Moabites.

2 Rois 3:5-25

2 Rois 6:8-23

Le roi de Syrie était en guerre avec Israël, et, dans un conseil qu'il tint avec ses serviteurs, il dit: Mon camp sera dans un tel lieu.

Mais l'homme de Dieu fit dire au roi d'Israël: Garde-toi de passer dans ce lieu, car les Syriens y descendent.

Et le roi d'Israël envoya des gens, pour s'y tenir en observation, vers le lieu que lui avait mentionné et signalé l'homme de Dieu. Cela arriva non pas une fois ni deux fois.

Le roi de Syrie en eut le cœur agité; Il appela ses serviteurs, et leur dit: Ne voulez-vous pas me déclarer lequel de nous est pour le roi d'Israël?

L'un des serviteurs répondit au roi: Personne! ô roi mon seigneur; mais Élisée, le prophète, qui est en Israël, rapporte au roi d'Israël les paroles que tu prononces dans ta chambre à coucher.

Et le roi dit; Allez et voyez où il est, et je le ferai prendre. On vint lui dire: Voici, il est à Dothan.

Il envoya des chevaux, des chars et une forte troupe, qui arrivèrent de nuit et qui enveloppèrent la ville.

Le serviteur de l'homme de Dieu se leva de bon matin et sortit; et voici, une troupe entourait la ville, avec des chevaux et des chars. Et le serviteur dit à l'homme de Dieu: Ah! mon seigneur, comment ferons-nous?

Il répondit: Ne crains point, car ceux qui sont avec nous sont en plus grand nombre que ceux qui sont avec eux.

Élisée pria, et dit: Seigneur, ouvre ses yeux, pour qu'il voie. Et l'Éternel ouvrit les yeux du serviteur, qui vit la montagne pleine de chevaux et des chars de feu autour d'Elisée.

Les Syriens descendirent vers Élisée. Il adressa alors cette prière à l'Éternel: Daigne frapper d'aveuglement cette nation! Et l'Éternel les frappa d'aveuglement, selon la parole d'Élisée. Ge.19:11

Élisée leur dit: Ce n'est pas ici le chemin, et ce n'est pas ici la ville; suivez-moi, et je vous conduirai vers l'homme que vous cherchez. Et il les conduisit à Samarie.

Lorsqu'ils furent entrés dans Samarie, Élisée dit: l'Éternel, ouvre les yeux de ces gens, pour qu'ils voient! Et l'Éternel ouvrit leurs yeux, et ils virent qu'ils étaient au milieu de Samarie.

Le roi d'Isarël, en les voyant, dit à Élisée: Frapperai-je, mon père?

Tu ne frapperas point, répondit Élisée; est-ce que tu frappes ceux que tu fais prisonniers avec ton épée et ton arc? Donne-leur du pain et de l'eau, afin qu'ils mangent et boivent; et qu'ils "en aillent ensuite vers leur maître.

Le roi d'Israël leur fit servir un grand repas, et ils mangèrent et burent; puis il les re'voya, et ils s'en allèrent vers leur maître. Et les troupes des Syriens ne revinrent plus sur le territoire d'Israël.

Délivrance de Samarie assiégée par les Syriens

2 Rois 7:1-20

Le royaume de Juda envahi par Sanchérib, roi d'Assyrie et Jérusalem assiégée.

2 Rois 18:17-37 et 2 Rois 19:1-37

2 Chroniques 32:1-22 Ps. 22:8-12; Mt. 27:43

Jérusalem délivrée, et l'armée de Sanchérib détruite

2 Rois 19:1-37 cf 2 Ch.32:20-23; És.10:8,

Ps.75; 76; 94; 2 Ch.20:20.

2 Rois 24:1-4

1. De son temps, Nebucadnetsar, roi de Babylone, se mit en campagne. Jojakim lui fut assujetti pendant trois ans; mais il se révolta de nouveau contre lui. 2 Ch.36:6

2. Alors l'Éternel envoya contre Jojakim des troupes de Chaldéens, des troupes de Syriens, des troupes de Moabites et des troupes d'Ammonites; il les envoya contre Juda pour le détruire, selon la parole que l'Éternel avait prononcée par ses serviteurs les prophètes. 2 R.20:17; 23:27.

3. Cela arriva uniquement sur l'ordre de l'Éternel, qui voulait ôter Juda de devant sa face, à cause de tous les péchés commis par Manassé,

4. et à cause du sang innocent qu'avait répandu Manassé et dont il avait rempli Jérusalem. Aussi l'Éternel ne voulut-il point pardonner.

Victoire de Josaphat sur les Moabites et les Ammonites

<u>2 Chroniques 20:1-25; 1 R. 8:37-40. 2 Ch.14:8l;</u>

<u>Ps. 46-48; 37:5; 56:4,5; 146:5.</u>

1. Après cela, les fils de Moab et les fils d'Ammon, et avec eux des Maonites, marchèrent contre Josaphat pour lui faire la guerre.

2. On vint en informer Josaphat, en disant: Une multitude nombreuse s'avance contre toi depuis l'autre côté de la mer, depuis la Syrie, et ils sont à Hatsatson-Thamar, qui est En-Guédi.

3. Dans sa frayeur, Josaphat se disposa à chercher l'Éternel, et il publia un jeûne pour tout Juda.

3. Juda s'assembla pour invoquer l'Éternel, et l'on vint de toutes les villes de Juda pour chercher l'Éternel.

5. Josaphat se présenta au milieu de l'assemblée de Juda et de Jérusalem, dans la maison de l'Éternel, devant le nouveau parvis.

6. Et il dit: l'Éternel, Dieu de nos pères, n'es-tu pas Dieu dans les cieux, et n'est-ce pas toi qui domines sur les royaumes des nations? N'est-ce pas toi qui as en main la force et la puissance, et à qui nul ne peut résister?...
    1Ch.29:12; Mt 6:13

12. O notre Dieu, n'exerceras-tu pas tes jugements sur eux? Car nous sommes sans force devant cette multitude nombreuse qui s'avance contre nous, et nous ne savons que faire, mais nos yeux sont sur toi.

13. Tout Juda se tenait debout devant l'Éternel, avec leurs petits enfants, leurs femmes et leurs fils.

14. Alors l'ésprit de l'Éternel saisit au milieu de l'assemblée Jachaziel fils de Zacharie, fils de Benaja, fils de Jeïel, fils de Matthania, Lévite, d'entre les fils d'Asaph.

15. Et Jachaziel dit: Soyez attentifs, tout Juda et habitants de Jérusalem, et toi, roi Josaphat! Ainsi vous parle l'Éternel: Ne craignez point et ne vous effrayez point devant cette multitude nombreuse, car ce ne sera pas vous qui combattrez, ce sera Dieu. Ex. 14: 13.

16. Demain, descendez contre eux; ils vont monter par la colline de Tsits, et vous les trouverez à l'éxtrémité de la vallée, en face du désert de Jeruel.

17. Vous n'aurez point à combattre en cette affaire: présentez-vous, tenez-vous là, et vous verrez la délivrance que l'Éternel vous accordera. Juda et Jérusalem, ne craignez point, et ne vous effrayez point, demain, sortez à leur rencontre, et l'Éternel sera avec vous!

18. Josaphat s'inclina le visage contre terre, et tout Juda et les habitants de Jérusalem tombèrent devant l'Éternel pour se prosterner en sa présence.

19. Les Lévites d'entre les fils des Kehathites et d'entre les fils des Koréites se levèrent pour célébrer d'une voix forte et haute l'Éternel, le Dieu d'Isarël.

20. Le lendemain, ils se mirent en marche de grand matin pour le désert de Tekoa. A leur départ, Josaphat se présenta et dit: écoutez-moi, Juda et habitants de

Jérusalem! Confiez-vous en l'Éternel, votre Dieu, et vous serez affermis; confiez-vous en ses prophètes, et vous réussirez.

21. Puis, d'accord avec le peuple, il nomma des chantres qui, revêtus d'ornements sacrés, et marchant devant l'armée, célébraient l'Éternel et disaient: Louez l'Éternel, car sa miséricorde dure à toujours!

22. Au moment où l'on commençait les chants et les louanges, l'Éternel plaça une embuscade contre les fils d'Ammon et de Moab et ceux de la montagne de Séir, qui étaient venus contre Juda. Et ils furent battus. Jg. 7:22; 1S.14:20.

23. Les fils d'Ammon et de Moab se jetèrent sur les habitants de la montagne de Séir pour les dévouer par interdit et les éxterminer; et quand ils en eurent fini...

24. Lorsque Juda fut arrivé sur la hauteur d'où l'on aperçoit le désert, ils regardèrent du côté de la multitude, et voici, c'étaient des cadavres étendus à terre, et personne n'avait échappé.

25. Josaphat et son peuple allèrent prendre les dépouilles; ils trouvèrent parmi les cadavres d'abondantes richesses et des objets précieux, et ils en enlevèrent tant qu'ils ne purent tout emporter. Ils mirent trois jours au pillage du butin, car il était considérable.

2 Chroniques 22:7-9

7. Par la volonté de Dieu, ce fut pour sa ruine qu'Achazia se rendit auprès de Joram. Lorsqu'il fut arrivé, il sortit avec

Joram pour aller au-devant de Jéhu, fils de Nimschi, que l'Éternel avait oint pour exterminer la maison d'Achab.

8. Et comme Jéhu faisait justice de la maison d'Achab, il trouva les chefs de Juda et les fils des frères d'Achazia, qui étaient au service d'Achazia, et il les tua. 2 R.10:14.

8. Il chercha Achazia, et on le saisit dans Samarie, où il s'était caché. On l'amena auprès de Jéhu, et on le fit mourir

Psaume 18:14-20 cf 2 Sa. 22

14. L'Éternel tonna dans les cieux, le Très-Haut fit retentir sa voix, avec la grêle et les charbons de feu.

15. Il lança ses flèches et dispersa mes ennemis, il multiplia les coups de la foudre et les mit en déroute.

16. Le lit des eaux apparut, les fondements du monde furent découverts, par ta menace, ô Éternel! par le bruit du souffle de tes narines.

17. Il étendit sa main d'en haut, il me saisit, il me retira des grandes eaux;

18. Il me délivra de mon adversaire puissant, de mes ennemis qui étaient plus forts que moi.

19. Ils m'avaient surpris au jour de ma détresse; mais l'Éternel fut mon appui.

20. Il m'a mis au large, il m'a sauvé, parce qu'il m'aime.

Zacharie 14:12-14

12. Voici la plaie dont l'Éternel frappera tous les peuples qui auront combattu contre Jérusalem: Leur chair tombera en pourriture tandis qu'ils seront sur leurs pieds, leurs yeux tomberont en pourriture dans leurs orbites, et leur langue tombera en pourriture dans leur bouche.

13. En ce jour-là, l'Éternel produira un grand trouble parmi eux, l'un saisira la main de l'autre; et ils lèveront la main les uns sur les autres.

14. Juda combattra aussi dans Jérusalem, et l'on amassera les richesses de toutes les nations d'alentour, l'or, l'argent, et des vêtements en très grand nombre.

Romains 12:19

Ne vous vengez point vous-mêmes, bien-aimés, mais laissez agir la colère; car il est écrit: A moi la vengeance, à moi la rétribution, dit le Seigneur. Mt.5:39; Lc.6:29; De.32:35; Hé.10:30

LES PSAUMES

<u>Thème: La Louange</u>

Parmi les psaumes, il y en a qui sont attribués à David, quelques uns à Asaph, d'autres à Salomon,1 à Moise ps.90,
1 à Etham, aux fils de Kore et famille de Chantres Lévitiques. Ils sont écrits en differentes occasions, et c'est pour cela je fais ressortir les sujets pour savoir en quelle occasion les utiliser.
La voie des justes, et la voie des méchants.
<u>Psaume 1</u>

Jésus Christ le Roi, Fils du Seigneur Dieu. Confiance en Jésus.
<u>Psaume 2</u>

Psaume du matin, psaume de protection contre ennemis.
Psaume de David, dans sa fuite devant son fils Absalom.
<u>Psaume 3</u>

Psaume du soir. Se confier en l'Éternel.
<u>Psaume 4</u>. De David.

Supplication à l'Éternel pour la guérison.
<u>Psaume 6.</u> De David

Supplication de l'innocent à Dieu contre le persécuteur.
Psaume 7. De David

La gloire et la magnificence de Dieu
dans les cieux et sur la terre.
Psaume 8. De David

Louange à Dieu pour la destruction du méchant.
Psaume 9. De David.

Supplication à Dieu. L'arrogance du méchant.
Psaume 10.

Le juste cherchant refuge en l'Éternel contre le méchant.
Psaume 11. De David

Urgent appel à Dieu contre la langue
qui discourt avec arrogance.
Psaume 12. De David

Supplication à Dieu pour avoir la victoire sur l'ennemi.
Psaume 13. De David

Complainte de David contre les insensés.
Psaume 14. De David

Celui qui est intègre demeurera avec Dieu.
Psaume 15. De David

Assurance de l'héritage de l'homme pieux.
Psaume 16. De David

Prière de l'homme intègre pour la
protection contre les ennemis.
Psaume 17. De David

Manifestation des œuvres de Dieu
Psaume 18. De David

L'Éternel exauce quand on l'invoque avec sincérité.
Psaume 19. De David

Appel à l'intervention de Dieu
Psaume 20 de David

Confiance en Dieu.
Psaume 21. De David

Cherchez l'Éternel dans la souffrance.
Psaume 22. De David

Dieu pourvoit aux besoins de ses enfants.
Psaume 23. De David

Le partage de la génération de ceux qui cherchent Dieu.
Psaume 24. De David

Psaume de confession
Psaume 25 de David

Demande de justice à Dieu pour celui qui est intègre.
Psaume 26. De David

Confiance de celui qui cherche la face de Dieu.
Psaume 27. De David

Supplication à l'Éternel pour la délivrance.
Psaume 28. De David

Glorifiez l'Éternel pour sa toute-puissance.
Psaume 29. De David

Remerciement et exaltation.
Psaume 30. De David

Cris à l'Éternel dans la détresse.
Psaume 31. De David.

Louange à l'Éternel pour sa grandeur.
Psaume 33. De David

1 S. 21:10-Louange à Dieu pour la délivrance.
Psaume 34. De David

Pour avoir du secours et la délivrance de Dieu
contre ses ennemis.
Psaume 35. De David

La justice de Dieu contre l'orgueilleux ou le méchant.
Psaume 36. De David

Gardez le silence devant l'Éternel et espérez en lui.
Psaume 37. De David

Supplication à Dieu pour le pardon.
Psaume 38. De David

Mettre un frein à la bouche, l'homme n'est qu'un souffle.
Psaume 39. De David

Louange à Dieu, et témoignage après la délivrance.
Psaume 40. De David

Prière d'un malade qui pratique la charité
Psaume 41. De David.

Cris à Dieu dans la détresse.
Psaume 42. Des fils de Koré

Espèrer en Dieu.
<u>Psaume 43</u>

Souvenir des délivrances passées.
<u>Psaume 44</u>. Des fils de Koré

Hommages au Roi, au Fils de Dieu.
<u>Psaume 45</u>. Des fils de Koré

L'Éternel des armées est avec nous; il est notre refuge.
<u>Psaume 46</u>. Des fils de Koré

Chantez à notre Dieu, car il est le roi de toute la terre.
<u>Psaume 47</u>. Des fils de Koré

L'Éternel est l'objet de toutes les louanges.
<u>Psaume 48</u>. Des fils de Koré

On n'emportera rien avec soi en mourant.
<u>Psaume 49</u>. Des fils de Koré

Préserve ta langue du mal, veille sur tes voies.
<u>Psaume 50.</u> D'Asaph.

Repentance, confession de David après son péché avec Bath-Schéba, pour retrouver le pardon et la communication avec Dieu.
<u>Psaume 51</u>. De David.

Le menteur et l'homme intègre.
<u>Psaume 52</u>. De David

L'iniquité, abomination des insensés.
<u>Psaume 53</u>. De David

Prière pour la délivrance dans la détresse.
Psaume 54. De David.

Supplication dans le chagrin, contre les ennemis.
Psaume 55. De David.

Confiance en Dieu, contre ennemis
Psaume 56. De David

Délivrance au sein de la détresse.
Psaume 57. De David

Demande de justice contre les ennemis violents.
Psaume 58. De David

La délivrance dans la persécution.
Psaume 59. De David

Demande du secours dans la détresse
Psaume 60. De David

Cris à Dieu pour éxaucer les vœux.
Psaume 61. De David

Refuge en Dieu, le Rocher.
Psaume 62. De David

Louange à Dieu au sein de la détresse.
Psaume 63. De David

La prière de l'innocent contre le méchant.
Psaume 64. De David

Louange à Dieu pour ses bienfaits.
Psaume 65. De David

Louange à Dieu pour sa puissance.
Psaume 66.

Louange à Dieu pour sa bénédiction.
Psaume 67.

L'Éternel des armées est tèrrible; sa
puissance est éxtraordinaire.
Psaume 68. De David

Psaume d'imprécation contre ennemi de celui
qui est en détresse.
Psaume 69. De David

Urgent appel à l'aide
Psaume 70. De David

Prière pour assurer la vieillesse.
Psaume 71.

Jésus écrasera l'oppresseur; en ses jours le juste fleurira.
Psaume 72. De Salomon.

Le sort final des méchants:
Ils seront exterminés par une fin soudaine!
Psaume 73. D'Asaph.

Souviens-toi de ton peuple!
Psaume 74. Cantique d'Asaph.

Ne vous glorifiez pas, Dieu est celui qui juge.
Psaume 75. D'Asaph.

Dieu est terrible, il est redoutable.
Psaume 76. D'Asaph.

Souvenir des merveilles de Dieu.
Psaume 77. D'Asaph.

Instruction à la génération future de la toute-puissance
de Dieu, pour avoir confiance en Dieu, leur créateur.
Psaume 78. D'Asaph.

Prière pour demander de la vengeance à
Dieu contre des ennemis violents.
Psaume 79. D'Asaph.

Dieu s'est irrité contre son peuple; prière
pour demander son secours.
Psaume 80. D'Asaph.

Exhortation à marcher dans les voies de l'Éternel
pour recevoir sa bénédiction.
Psaume 81. D'Asaph.

Rendez justice aux faibles, car toutes les
nations appartiennent à Dieu.
Psaume 82. D'Asaph.

Complainte à Dieu contre des ennemis
violents, demandant la justice.
Psaume 83. D'Asaph.

Heureux l'homme qui se confie en Dieu!
Psaume 84. Des fils de Koré

Heureux ceux qui craignent l'Éternel!
Psaume 85. Des fils de Koré

Prière d'un serviteur pieux.
Psaume 86. De David

Sion, la ville de Dieu; c'est lui qui l'affermit.
Psaume 87. Des fils de Koré

Supplication d'un misérable à Dieu du sein de la détresse.
Psaume 88. Des fils de Koré

Dieu est Tout-Puissant et terrible; il donne
victoire à son serviteur fidèle.
Psaume 89. Cantique d'Éthan.

Priere du serviteur de Dieu concernant
la fragilité de l'homme.
Psaume 90. De Moïse.

Sécurité des enfants de Dieu sous sa puissance.
Psaume 91

Si les méchants fleurissent, c'est pour être détruits à jamais;
mais les justes croissent comme le palmier.
Psaume 92. Cantique pour le jour du sabbat.

La majesté de Dieu.
Psaume 93

Dieu, le vrai juge est omniscient.
Psaume 94

Chantez à l'Éternel, car il est le Tout-
Puissant, très digne de louange.
Psaume 95

Hymne de louange à Dieu pour sa
splendeur et sa magnificence.
Psaume 96

Tous les peuples voient la toute-puissance de Dieu.
Psaume 97

Louange à Dieu pour ses bienfaits.
Psaume 98.

Exaltez l'Éternel pour sa miséricorde envers ses serviteurs.
Psaume 99.

Louez l'Éternel pour sa bonté.
Psaume 100

Décision de marcher dans l'intégrité.
Psaume 101. De David

Plainte d'un malheureux dans sa détresse devant Dieu.
Psaume 102

Bénissez l'Éternel pour ses bienfaits!
Psaume 103. De David

Louange à Dieu pour sa grandeur infinie et sa magnificence.
Psaume 104

Contraste entre les enfants de Dieu et ses ennemis.
Psaume 105

La colère de Dieu s'enflamme contre
son peuple pour sa rébellion.
Psaume 106

Louez l'Éternel pour sa bonté et ses
merveilles en faveur des hommes.
Psaume 107

Avec le sceau de l'Éternel nous ferons des
exploits; il écrasera nos ennemis.
Psaume 108. De David

Psaume d'imprécation contre des ennemis
acharnés et leur famille.
Psaume 109. De David

L'Éternel exercera la justice parmi les nations.
Psaume 110. De David

La crainte de l'Éternel est le commencement de la sagesse.
Psaume 111

La postérité de ceux qui craignent Dieu
sera puissante sur la terre.
Psaume 112

L'Éternel relève les gens du fumier pour les faire
asseoir avec les grands de son peuple.
Psaume 113

La toute-puissance de l'Éternel fait remuer
les fondements de la terre.
Psaume 114

L'Éternel bénira ceux qui le craignent; confiez-vous en lui.
Psaume 115

Souvenir des bénédictions passées;
promesse d'actions de grâces.
Psaume 116

Que toutes les nations louent l'Éternel
pour sa bonté et sa fidélité!
<u>Psaume 117</u>

Que ceux qui craignent l'Éternel le louent
pour sa miséricorde et sa délivrance!
<u>Psaume 118</u>

Confiance en la parole de Dieu
<u>Psaume 119</u>

Prière dans la détresse contre le mensonge
<u>Psaume 120.</u> Cantique des degrés.

Pour demander la protection quand on est en voyage.
<u>Psaume 121.</u> Cantique des degrés

Jérusalem, la ville sainte de Dieu.
<u>Psaume 122.</u> Cantique des degrés. De David

Espérance en Dieu.
<u>Psaume 123.</u> Cantique des degrés

L'Éternel est le soutien de son peuple.
<u>Psaume 124.</u> Cantique des degrés. De David

L'Éternel entoure les justes pour les protéger.
<u>Psaume 125.</u> Cantique des degrés

Souvenir des bienfaits de Dieu.
<u>Psaume 126.</u> Cantique des degrés

L'importance de la présence de l'Éternel dans notre vie.
<u>Psaume 127.</u> Cantique des degrés. De Salomon

L'Éternel bénit ceux qui marchent dans ses voies.
Psaume 128. Cantique des degrés.

Expérience dans la persecution.
Psaume 129. Cantique des degrés.

Espérance en l'Éternel.
Psaume 130. Cantique des degrés.

éspére en Dieu
Psaume 131. Cantique des degrés. De David.

L'Éternel a choisi Sion pour sa demeure pour toujours.
Psaume 132. Cantique des degrés.

Le bonheur des frères qui demeurent ensemble.
Psaume 133. Cantique des degrés. De David.

Bénissez l'Éternel, le Créateur.
Psaume 134. Cantique des degrés

Contraste entre l'Éternel le Créateur et les idoles.
Psaume 135

Louez l'Éternel pour sa constante miséricorde.
Psaume 136

Les captifs à Babylone se souviennent de Sion.
Psaume 137

Louange après la délivrance.
Psaume 138. De David

Dieu est omniscient et omnipotent. On
ne peut se cacher devant lui.
Psaume 139. De David

Prière pour être préservé des hommes violents.
<u>Psaume 140. De David</u>

Prière pour être protégé des embûches du méchant.
<u>Psaume 141</u>. De David

Prière pour chercher un refuge en
Dieu au temps de la détresse.
<u>Psaume 142</u>. De David

Prière pour être délivré du méchant.
<u>Psaume 143</u>. De David

Exaltation à Dieu pour sa grandeur et ses hauts faits.
<u>Psaume 144</u>. De David

Louange.
<u>Psaume 145</u>. De David

Louange à Dieu pour sa grandeur et ses hauts faits.
<u>Psaume 146</u>

Louez l'Éternel, chantez en son honneur.
<u>Psaume 147</u>

Que tout ce qui existe loue l'Éternel!
<u>Psaume 148</u>

Louez l'Éternel avec des instruments et avec des danses.
<u>Psaume 149</u>

Que tout ce qui respire loue l'Éternel, avec
des instruments et des danses.
<u>Psaume 150</u>

LA DISPERSION D'ISRAËL JUSQU'AUX ÉXTRÉMITÉS DE LA TERRE

Ce chapitre est une partie de l'idée principale du livre.

Je le considère comme étant la base de la Bible;

Pour comprendre la Bible, il faut d'abord savoir pourquoi Jésus était venu sur la terre. D'après les écritures, le peuple Israël est un peuple spécial choisi par Dieu parmi tous les peuples qui sont sur la surface de la terre. Éxode 19:5,6 etc.

1Pierre 2:9.

Il devrait obeir au Dieu de leurs pères et mettre en pratique les lois et les ordonnances afin de recevoir la bénédiction de Dieu Det.28 etc.

Lévitique 26:24-39

Mais si vous n'écoutez et ne mettez point en pratique tous ces commandements, si vous méprisez mes lois et si votre âme a en horreur mes ordonnances en sorte que vous ne pratiquiez point mes commandements et que vous rompiez mon alliance, voici alors ce que je vous ferai, j'enverrai sur vous la terreur, la consumption et la fièvre qui rendront vos yeux languissants et votre âme souffrante, vous semerez en vain vos semences vos ennemis les devoreront.

Je vous disperserai parmi les nations et je tirai l'épée après vous, votre pays sera dévasté et vos villes seront désertes.

Parce qu'ils ont abandonné l'alliance contractée avec eux par l'Éternel, le Dieu de leurs pères et sont allés servir d'autres dieux alors la colère de Dieu s'est enflammée contre ce pays et fait venir sur lui toutes les malédictions écrites dans ce livre.

Lé.26; 40-46; De.4:23-31; De.28:63-68;
De.29:19-29; De.30:17-19; Jé.9:11-16; Jé.12:14,15; És.11:12;
Éz.5:5-17; Éz.20:41,42; Éz.36: 17-20;
Da.9:7.

Deutéronome 28:63-68

63. De même que l'Éternel prenait plaisir à vous faire du bien et à vous multiplier, de même l'Éternel prendra plaisir à vous faire périret à vous détruire; et vous serez arrachés du pays don't tu vas entrer en possession.

64. L'Éternel, te dispersera parmi tous les peuples, d'une éxtrémité de la terre à l'autre, et là tu serviras d'autres dieux que n'ont vconnus ni toi, ni tes pères, du bois et de pierre.

65. parmi ces nations, tu ne seras pas tranquille, et tu n'auras pas un lieu de repos pour la plante de tes pieds...

Deutéronome 29:24-28

28. l'Éternel les a arrachées de leur pays avec colère, avec fureur, avec une grande indignation, et il les a fait jetés sur un autre pays, comme on le voit aujourd'hui.

Ézéchiel 5:5-17

6. Elles ont violé mes lois et mes ordonnances, et s'est rendue plus coupable que les nations et les pays d'alentour; car elle a méprisé mes lois, elle n'a pas suivi mes ordonnances...

8. à cause de cela, ainsi parle le Seigneur, l'Éternel: Voici, j'en veux à toi, et j'éxécuterai au milieu de toi mes jugements sous les yeux des nations.

9. à cause de toutes tes abominations, je te ferai ce que je n'ai point encore fait, ce que je ne ferai jamais...

11. C'est pourquoi, je suis vivant! dit le Seigneur, l'Éternel, parce que tu as souillé mon sanctuaire par toutes tes idoles et toutes tes abominations, moi aussi je retirerai mon oeil, et mon oeil sera sans pitié, moi aussi je n'aurai point de miséricorde.

12. Un tiers de tes habitants mourra de la peste et sera consumé par la famine au milieu de toi; un tiers tombera par l'épée autour de toi; et j'en disperserai un tiers à tous les vents, et je tirerai l'épée derrière eux...

Ézéchiel 36:16-21

La parole de l'Éternel me fut adressée, en ces mots:

17. Fils de l'homme, ceux de la maison d'Israël, quand ils habitaient leur pays, l'ont souillé par leur conduite et par leurs oeuvres; leur conduite à été devant moi comme la souillure d'une femme pendant son impureté.

18. Alors j'ai répandu ma fureur sur eux, à cause du sang

qu'ils avaient versé dans le pays, et des idoles dont ils l'avaient souillé.

19. Je les ai dispersés parmi les nations, et ils ont été disséminés en divers pays; je les ai jugés selon leur conduite et selon leur oeuvres.

20. Ils sont arrivés chez les nations où ils allaient, et ils ont profané mon saint nom, en sorte qu'on disait d'eux: C'est le peuple de l'Éternel, c'est de son pays qu'ils sont sortis.

21. Et J'ai voulu sauver l'honneur de mon saint nom, que profanait la maison d'Israël parmi les nations où elle est allée.

Daniel 9:5-14

5. Nous avons péché, nous avons commis l'iniquité, Nous avons été méchants et rebelles, nous nous sommes détournés de tes commandements et tes ordonnances.

6. Nous n'avons pas écouté tes serviteurs les prophètes qui ont parlé en ton nom à nos rois, à nos chefs, à nos pères, et à tout le peuple du pays.

7. Aux hommes de Juda, aux habitants de Jérusalem,et à tout Israël, à ceux qui sont près et à ceux qui sont loin, dans tous les pays où tu les a chassés à cause des infidélités dont ils se sont rendus coupables envers toi…

11. Tout Israël a transgressé ta loi, et s'est détourné pour ne pas écouter ta voix. Alors se sont répandues sur nous les malédictions et les imprécations qui sont écrites dans la loi de Moïse, serviteur de Dieu parce que nous avons péchés contre Dieu.

EST-CE QUE LA BIBLE DIT QU'IL Y AURA UN ENLEVEMENT POUR L'ÉGLISE À DÉSTINATION DU CIEL

Tout le monde attend l'enlèvement de l'Église pour monter au ciel, même ceux qui ne croient pas en Jésus comme Dieu et sauveur, disent qu'à la mort ils iront vivre au ciel; mais Je ne vois nulle part dans la Bible, où il fait mention de la montée de l'Église Universelle au ciel. Tenant compte d'un seul verset pour confondre les gens 1Thé.4:16; mais dans 1Thé.4:13-17 on parle de ceux qui n'ont pas d'ésperance. "ce sont les païens ou étanger, non Juif. Ép.2:11-13."

1Th.4:15: d'après la parole du Seigneur: nous les vivants, restés pour l'avènement du Seigneur…1Co.15:22,51; Éz.9:4-6; Ap.7:3,4; Ap.14:1-5; Ap.20:4-6. Ce sont les prémices de la terre pour Dieu et pour l'Agneau.

1Cor,15:52 en un instant à la dernière trompette les morts en Christ résssusciteront incorruptibles et nous les vivants serons changés.

Avant la dernière trompette il doit avoir six premières trompettes, et les sept sceaux Ap.8; Ap.11; l'enlèvement sera jusqu'à la dernière, ou septième trompette.

Si l'enlèvement serait pour l'Église universelle de monter au ciel, qui alors sera avec elle? car, Jésus sera sur la terre pendant le millénium?

Lisez: Ap.11:15-17;Mt.6:10; Ap.2:7; Ap.5:9,10; Ap.:3,4,9-17; Ap.19:6-9; Ap.14:1-5; Ap.20:1-6; Ap.22:1,2;

Éz.36:8,9,15-38; Éz.37:25-28; És.65:9,16-25; És.25:6-10; Amos 9:11-15; Za.14:16-21; 2Pi.3:10,12,13;

D'après les passages précédents, et les suivants Jésus sera sur la terre pendant le millenniume; après quoi c'est l'éternité.

L'Éternel a donné la terre promise pour toujours à son peuple d'Israël, mais il n'a jamais promis le ciel; Il n'a pas fait la promesse pour aller au ciel à Abraham, ni à Isaac, ni à Jacob, à David non plus; L'Éternel n'a pas envoyé le message par un prophète. Jésus ne l'a pas promis à ses disciples non plus, la place que Jésus a promise à ses disciples dans Jn.14:2,3 est la Nouvelle Jérusalem qui descendra du ciel d'auprès de son Père. Ap.21:9-25.

Au contraire, l'idée de monter au ciel vient de l'ambition de Satan. És.14:13,14.

C'est pourquoi l'Éternel Dieu donne És.14:4-23 à son peuple comme chant après leur délivrance pour ironiser Satan.

Psaume 115:16. Les cieux sont les cieux de l'Éternel, mais il a donné la terre aux fils de l'homme.

Apocalypse 5:9,10

Jésus-Christ a racheté pour Dieu des hommes par son sang, pour faire un royaume et des sacrificateurs, *et ils règneront sur la terre.*

Au son de la dernière trompette, Jésus enverra ses anges pour rassembler les élus des quatre coins de la terre, morts ou vivants pour les ramener dans leur pays, que Dieu avait promis à leurs pères. De.30:3-5; És.11:11,12; Éz.36:24,28,34,35; Éz.37:11-14,25-28 etc.

Ce sont les élus qui seront enlevés après la grande tribulation. Mt.24:29-31; Ap.7:13,14; Ap.20:4-6.

La main de l'Éternel accomplira ce que sa bouche a dit.

Les élus de Dieu, les choisis

Elect

Un acte souverain de Dieu par lequel certaines personnes de sortir du monde, et d'être mise à part au service du Seigneur Dieu.

De.7:6-8; Lu.6:13; Jn.15:16,19; Ro.9:11; Ép.1:4; Ep.5:27; Ac.9:15; Éx.19:6; Mc.13:20,22,27; Mt.19:28;

Mt.24:22-31; 1Co.1:27,28; 1Co.15:52; 2Co.11:2; Lu.18:7; Ph.4:3; 1Pi.2:9; 1Pi.5:13; Ro.11:5;

És.1:9; 14:2; És.11.11,12; És.54:4; És.62:11,12; És.65:9; Mi.5.6,7; Jé.31; Éz.6:8; Éz.9:4,6;

Éz.36:19-24; Éz.37:21-28; És.10.22; Sof.3:14-20; Ro.11.1-36 ;1-5,25,26,28; Mc.13.20, 27; Ap.3:5,12;

Ap.6:6; Ap.7:3,4; Ap.12:17; Ap.14:1-5; Ap.17:14; Ap.21.12, 14; Ap.22.3,4.

Deuteronome 7:6

Car tu es un peuple saint pour l'Éternel, ton Dieu; L'Éternel, ton Dieu, t'a choisi, pour que tu sois un peuple qui lui appartienne entre tous les peuples qui sont sur la face de la terre...

Parce que l'Éternel vous aime et qu'il a voulu tenir son serment qu'il avait fait...

Ésaie 45:4

Pour l'amour de mom serviteur Jacob, mon élu, je t'ai appelé par ton nom, je t'ai parlé avec bienveillance, avant que tu me connaisses.

Ésaie 62:11;12

12 On les appellera peuple saint, racheté de l'Éternel; et toi, on t'appellera recherchée ville non délaissée.

Luc 18:6,7

Le Seigneur ajouta: Entendez ce que dit le juge, et Dieu ne fera-t-il pas justice a ses élus qui crient à lui jour et nuit, et tardera-t-il a leur égard? Ap. 6. 9-11.

Apocalypse 17:14

Ils combattront contre l'Agneau, et l'Agneau les vaincra, parce qu'il est le Seigneur des seigneurs et le Roi des rois, et les appelés, les élus et les fidèles qui sont avec lui les vaincront aussi.

Apocalypse 14:5

Je regardai, et voici, l'Agneau se tenait sur la montagne de Sion, et avec lui cent quarante mille personnes, qui avaient le nom de son Père écrits sur leurs fronts.

Et ils chantaient un cantique nouveau devant le trône, et devant les quatre êtres vivants et les viéillards.

Et personne ne pouvait apprendre le cantique, si ce n'est les cent quarante-quatre mille, qui avaient été rachetés de la terre.

Ce sont ceux qui ne sont pas souillés avec des femmes, car ils sont vierges; ils suivent l'Agneau partout oû il va. Ils ont été rachetés d'entre les hommes, comme prémices pour Dieu et pour l'Agneau; Et dans leur bouche il ne s'est point trouvé de mensonge, car ils sont irréprochables.

És.27:13

En ce jour-là, on sonnera de la grande trompette, et alors reviendront ceux qui étaient exilés au pays d'Assyrie ou fugitifs au pays d'Égypte; et ils adoreront l'Éternel, sur la montagne sainte, à Jérusalem.

Ez. 36:17-20

Fils de l'homme, ceux de la maison d'Israël, quand ils habitaient leur pays, l'ont souillé par leur conduite et par leur oeuvres.

19. Alors j'ai répandu ma fureur sur eux, à cause du sang qu'ils ont versé dans le pays, et des idoles dont ils l'avaient souillée.

19 Je les ai dispersés parmi les nations, et ils ont disséminés en divers pays.

20 Ils sont arrivés chez des nations où ils allaient, et ils ont profané mon saint nom, en sorte qu'on disait d'eux: C'est le peuple de l'Eterrnel, c'est de son pays qu'ils sont sortis…

25 Ils habiteront le pays que j'ai donné à mon serviteur Jacob, et qu'ont habité vos pères; ils y habiteront, eux, leurs enfants et les enfants de leurs enfants à perpétuité…

26 Je traiterai avec eux une alliance de paix, et il y aura une alliance éternelle avec eux; Je les établirai, et je les multiplierai, et je placerai mon sanctuaire au milieu d'eux pour toujours.

27 Ma demeure sera parmi eux; Je serai leur Dieu, et ils seront mon peuple

28 Et les nations sauront que je suis l'Éternel, qui sanctifie
Israël, lorsque mon sanctuaire sera pour toujours au
milieu d'eux.

C'était le plan de Dieu dès la création dans le jardin d'Eden
pour son peuple de vivre en paix et pour toujours sur la terre. Ce
plan sera réalisé au retour de Christ sur la terre.

Le ciel et la terre passeront, mais la parole de Dieu demeure
éternellement.

Comme nous voyons dans le chapitre precedent:

Dieu plantera un jardin de renom, tout sera supérieur à ce
qui a été auparavant; Éz.34:27-29; 36:34-36; És.65:9;

Mt.5:5; És.60:21etc.

son peuple héritera la terre.

Ps.115:16; Ap.5:10.

De tous ces passages, y a-t-il un seul qui indique que nous les
chrétiens, nous irons au ciel? Où est-il écrit que l'Église ira vivre
au ciel et qu'elle est l'épouse de Christ?

Je ne trouve aucun verset de l'Écriture qui prouve que nous
les chrétiens, nous vivrons au ciel, ou que nous irons au ciel, au
contraire, Jésus avait dit qu'il n'était pas venu pour

les païens. Jésus avait dit aux apôtres: n'allez pas vers les
païens, et n'entrez pas dans les villes des Samaritains, allez
plutôt vers les brebis perdus d'Isrël. Mt.10:5.

Les païens avaient de la difficulté de se joindre avec l'Église
primitive. Ac.15:3-19.

En outre, Jésus a dit: Mt.6:9,10: Voici donc comment prier:
Notre Père qui es au cieux ! … Que ton règne vienne; que ta
volonté soit faite sur la terre comme au ciel.

Il est clairement dit que Jésus reviendra sur la terre. Ap.11:15-19; à la septième, ou dernière trompette.

le royaume du monde est remis au Seigneur et Christ; et il règnera aux sièles des siècles ...

Il prendra posséssion de son règne.

1Co.15:52 Annoncera le règne de Christ.

Ap.20:4-10. Règne de Christ et de ses fidèles.

És.65:17-25

Il est écrit que Dieu créera une nouvelle terre.

Car je vais créer Jérusalem pour l'allégresse, et son peuple pour la joie...

2 Pi.3:10,12,13

Le règne millénaire tiendra lieu sur la terre. Et il commencera au moment du retour de Christ, promptement à la première résurrection. Ap.20:4-6

L'enlèvement aussi aura lieu lors dans la première résurrection. 1Th.4:13-17.

Selon l'Écriture, Dieu s'est choisi un groupe spécial d'entre les fils d'Israël, cent quarante-quatre mille, purement Juifs. Ap.3:9; Ap.6:6b; Ap.7:3,4; Ap.9:4; Ap.14:1-5.

Ce sont ceux qui seront réstés pour l'avènement du Christ à la séptième ou dernière trompette avec Jésus, ils sont les prémices pour Dieu et pour l'Agneau. Ap.14:5; Éz.9:4-6.

Ce sont ces cent quarante-quatre mille personnes et les martyrs qui seront enlevés. Ap.20:4-6; Ap.7:13,14.

ce n'est pas pour aller au ciel, non plus, mais Jésus ramènera Israël dans leur pays que Dieu a promis à leurs pères Abraham,

Isaac, et Jacob; mais non l'Église comme on le proclame. De.30:1-4 etc.

Jean 3.29. l'Église est l'amie de l'époux.

La Bible nous fait savoir que Dieu ramènera et rétablira Israël sur sa terre, pendant le règne millénaire, que le peuple d'Israël possédera leurs pays et que toutes les nat'ons devront se rendre à Jérusalem et apporter des offrandes devant l'Éternel. Za.8:20-23; Za.14:16-21; Mi.4:6-8 etc.

La parole d' Dieu dit que les nations serviront Israël És.60:3,10 etc.

AP.7:9-17

Il y avait une foule, que personne ne pouvait compter, de toute nation, de toute tribu, de tout people, et de toute langue. Ell se tenait devant le trône et devant l'Agneau revètue de robes blanches...

13. Ce sont ceux qui viennent de la grande tribulation. Ils ont lavè leurs robes dans le sang de l'Agneau.

Dans Apocalypse 20:4-6 nous voyons que tous les chrétiens qui sont morts par martyr, doivent revenir à la vie, pour r'gner avec Christ pour mille ans. C'est la premiere résurrection. Ap.6:9-11; Ap.7:9-14; Ap.13:12-18.

Les autres morts ne reviendront point à la vie, jusqu'à ce que les mille ans soient accomplis.

Les autres morts devront attendre une deuxième résurrection, qui se fera après les mille ans. Da.12:1,2;

Ap.20:7-15.

Ap.20:5-15

Les autres morts ne revinrent point à la vie jusqu'à ce que les mille ans fussent accomplis.

Quand les mille ans seront accomplis, Satan sera relâché'de sa prison; et il sortira pour séduire les nations aux quatre coins de la terre, Gog et Magog, afin de les rassembler pour la guèrre; leur nombre est comme le sable de la mer.

Et ils montèrent sur la surface de la terre, et ils invéstirent le camp des saints et la ville bien-aimée, mais un feu déscendit du ciel, et les dévora. Et le diable, qui les séduisait, fut jeté dans l'étang de feu et de soufre, où sont la bête et le faux prophète. Et ils seront tourmentés jour et nuit, aux siècles des siècles.

Jugement dernier

Et je vis les morts, les grands et les petits, qui se tenaient devant le trône. Des livres furent ouverts, et un autre livre fut ouvert, celui qui est le livre de vie, et les morts furent jugés selon leurs œuvres, d'après ce qui était écrit dans ces livres.

La mer rendit les morts qui étaient elle, la mort et le séjour des morts'rendirent les morts qui étaient en eux; et chacun fut'jugé selon ses œuvres.

Et la mort et le'séjour des morts furent jetés dans l'étang de feu. Quiconque ne fut pas trouvé écrit dans le livre de vie fut jeté dans l'étang de feu. Ap.20:13,14; Ap.21:8; Ap.22'15; És.66:24' Mc.9:43-48; Lu.16:'2-29; 2Th.1:8,9.

Les noces de l'Agneau seront des noces de Christ avec le peuple que Dieu s'est choisi dès le commencement,

Det.7:6-15.etc. Le 'èste d'Israël, et les rachetés, les élus des fils d'Israël, et les cent quarante-quat'e mille; ceux qui seront sauvés parmi les peuples pendant'la grande tribulation en participeront aussi Ap.20:4-6; És.25:6-12;

Et ce n'est pas au ciel qu'auront lieu ces noces, c'est sur la montagne de Sion, dans la Jérusalem actuelle.

És.'4:5; Ép.5:27; Os.2:18,21,22; Ap.3:12; Ap.14:1-5; Ap.19:4-9; Ap.21:2,10; Ap.22:3,4 etc.

D'après Ap.21:12,14, des douze portes de la nouvelle Jérusalem aucune ne portera le nom de l'Église; Mais elles porteront toutes les noms des douze tribus d'Israël. les douze fondements de la mura'lle de la ville, le nom des douze disciples de Jésus Jn.14:2,3.

La Bible ne dit point que l'Église sera enlevée.

Elle indique au contraire que *l'Église passera sous la grande tribulation qui a déja commencé dès la vie des disciples,et les apôtres.*

Da.8:24,25; Da.12:24-27; Da.12:1; Ap.6.8-11; Ap.7,9-14; Ap.13.7,8.

L'Église ne sera point enlevée pour monter au ciel comme on le dit. Ap.7:13,14; Ap.6:9-11,17; Ap.20:4-6.

AP.20: 4-6

D'après ces versets, on peut voir que tous ceux qui seront avec Jésus pendant le millénium seront ceux qui étaient morts, qui seront réssuscités, mais on ne parle point de ceux qui étaient enlevés, ou descendus du ciel.

Seront-ils restés au ciel pendant que Jésus sera sur la terre? Ap.11:15-17.

En outre, la parole de Dieu nous dit que tous ont péchés et sont privés de la gloire de Dieu. Le salaire du péché c'est la mort; éxceptez les cent quarante quatre mille Hommes qui auront le sceau de Dieu sur leur front qui ne doivent pas mourir. Éz.9:4-6;

Ils sont les prémices pour Dieu et pour l'Agneau, ce sont ceux qui resteront pour l'avènement du Seigneur. 1Thé.4:15,17; 1Co.15:51; Ap.7:3,4; Ap.14:1-5.

Il est écrit qu'il est réservé aux hommes de mourir une seule fois.

Jésus lui-même étant Dieu et Fils de l'homme était mort, pour nous bien entendu! Élie et Enoch, qui étaient enlevés ou Elie et Moïse reviendront sur la terre, ils seront morts et resteront sur la place publique pendant trois jours et demi puis Dieu les rappellera, ils reviendont à la vie et monteront. Ap.11:3,4,7,11,12; Lu.9:30,31; Mal.4:5,6.

Ap.9:3-5

De la fumée sortirent des sauterelles, qui se répandirent sur la terre, et il leur fut donné un pouvoir comme le pouvoir qu'ont les scorpions de la terre de tourmenter les hommes qui n'avaient pas le sceau de Dieu sur leur front, non de les tuer, mais de les tourmenter pendant cinq mois. Éx.9:4.

Nous aurons part à la première résurrection, si nous faisons partie de la grande tribulation. Ap.7:14-17;

Ap.20:4-6; Ap.21:1-7; Za.14:8-11,16-21; Za.8.

Ap.20.7-15. Jugement dernier après les mille ans.

Ap.21:1-3

Puis je vis un nouveau ciel et une nouvelle terre; car le premie' ciel et la première t'rre avaient disparu, et la mer n'était plus et je vis descendre du ciel, d'auprès de Dieu, la ville sainte, la nouvelle Jérusalem, préparée comme une épouse qui s'est parée pour son époux. Ap.3:12. Et j'entendis du trône une voix qui disait: Voici le tabernacle de Dieu avec les hommes! Il habitera avec eux, et ils se'ont son peuple, et Dieu 'ui-même sera avec eux…

Sof.3:13,14;'Ap.14:1-5; Joël.3:16-21; Éz.9:4-6.

L'Église sera au service de l'époux et de son épouse, ainsi qu'il en est des Gabaonites à l'égard d'Israël. Car la nation et le royaume qui ne te « Israël » servira pas périront; ces nations-la seront éxterminées. És.60:3,10; És.61:5,6 etc.

Ésaïe 27:1

En ce jour, on sonnera de la grande trompette, et alors reviendront ceux qui étaient exilés au pays d'Assyrie ou fugitifs au pays d'Égypte, et ils se prosterneront devant l'Éternel, sur la montagne sainte, à Jérusalem.

1 Rois 9:2

L'Éternel apparut à Salomon une seconde fois, comme il lui était apparu à Gabaon; 1R.3:5.

et l'Éternel lui dit: J'éxauce ta prière et la supplication que tu m'as adress'es, je sa'ctifie cette maison que tu as bâtie po'r y mettre à jamais mon nom, et j'aurai toujours là mes yeux et mon cœur. 1R.8:20.

C'est là que sera Jésus avec son épouse Ap.11:1,2 en attendant la nouvelle Jérusalem qui descendra d' ciel à la fin du règne millénaire. Ap.21:9-23.

La gloire du second temple

Aggée 2:3-9

4. Quel est parmi vous le survivant qui ait vu cette maison Dans sa première gloire? Et comment la voyez-vous maintenant?

5. <u>Je reste fidèle à l'alliance que j'ai faite avec vous quand vous sortites de l'Égypt', et mon Ésprit est au milieu de vous</u>; ne craignez pas!

6. Car ainsi parle l'Éternel des armées: Encore un peu de temps, et j'ébranlerai les cieux et la terre, la mer et le sec.

7. <u>J'ébranlerai toutes les nations; les trésors de toutes les nations viendront,</u> et je remplirai de gloire cette maison, dit l'Éternel des armées.

9. La gloire de cette dernière maison sera plus grande que celle de la première, dit l'Éternel des armées; et <u>c'est dans ce lieu que je donnerai la paix,</u> <u>dit l'Éternel</u> des armées.

L'ÉGLISE, LE MYSTERE CACHÉ DE TOUT TEMPS

Les versets dans ce chapitre révèlent, qu'il y a des Églises qui pratiquent la tradition de l'homme, au lieu de pratiquer les commandements de Dieu; leur adoration est vaine, elles m'honorent des lèvres mais leur cœur est éloigné de moi, c'est en vain qu'ils m'honorent en donnant des préceptes qui sont des commandements des hommes. dit Jésus. Mac.7:6-9.

Ép.3:6; Col.1:26-28; Ap.10:7; Re.10:7

Ésaïe 29:9-14

Soyez stupéfaits et étonnés! fermez les yeux et devenez aveugles! ils sont ivres, mais ce n'est pas de vin; ils chancellent, mais ce n'est pas l'effet des liqueurs fortes.

Car l'Éternel a répandu sur vous un ésprit d'assoupissement;
Il a fermé vos yeux (les prophètes)
il a voilé vos têtes.

Toute la révélation est pour vous comme les mots d'un livre cacheté que l'on donne a un homme qui sait lire, en disant: Lis donc cela! Et il répond: Je ne le puis, car il est cecheté; ou comme un livre que l'on donne a un homme qui ne sait pas lire, en disant: Lis donc cela! et il répond je ne sais pas lire.

Le Seigneur dit: Quand ce peuple s'approche de moi, il m'honore de la bouche et des lèvres; mais son coeur est éloigné de moi, et la crainte qu'il a de moi n'est que tradition humaine.

C'est pourquoi je frapperai encore ce peuple par des prodiges et des miracles; et la sagesse des sages périra, et l'intelligence de ses hommes intelligents disparaîtra.

Matthieu 13:11

Jésus leur (disciple) répondit: Parce qu'il vous a été donné de connaître les mystères du royaume des cieux, et cela ne leur a pas été donné.

Éphésiens 3:3-6, Paul aux Épésiens

C'est par révélation que j'ai eu connaissance du mystère sur lequel je viens d'écrire en peu de mots.

En lisant, vous pouvez vous représenter l'intelligence que j'ai du mystère de Christ.

Il n'a pas ètè manisféstè aux fils des hommes dans les autres générations, comme il a été révélé maintenant par l'Ésprit aux saints apôtres et prophètes de Christ.

Ép.3:6

Ce mystère, c'est que les païens sont cohéritiers, forment un même corps, et participent à la même promesse en Jésus par l'Évangile. Ge.12:2; Ge.18:18.

Colossiens 1:26-28

Le mystère caché de tout temps et dans tous les âges, mais révélé maintenant à ses saints.

Dieu a voulu faire connaître la glorieuse richesse de ce mystère parmi les païens, savoir: Christ en vous,

l'éspérance de la gloire.

C'est lui que nous annonçons, éxhortant tout homme,

et instruisant tout homme en toute sagesse, afin de présenter à Dieu tout homme, devenu parfait en Christ.

C'est à quoi je travaille, en combattant avec sa force qui agit puissamment en moi.

Marc 7:6-9

Jésus leur répondit:

Hypocrites, Ésaïe a bien prophétisé sur vous, ainsi il est écrit:

Ce peuple m'honore des lèvres, mais son coeur est éloigné de moi.

6. C'est en vain qu'ils m'honorent, en donnant de préceptes qui sont des commandements d'hommes.

8. Vous abandonnez le commandement de Dieu, et vous observez la tradition des hommes.

9. Il leur dit encore:

Vous rejetez fort bien le commandement de Dieu, pour garder votre tradition.

Colossiens 2:8,16,17,22,23

Prenez garde que personne ne fasse de vous sa proie par la philosophie et par une vaine tromperie, s'appuyant sur la tradition des hommes, sur les principes, élémentaires du monde, et non Christ.

22. Que personne donc ne vous juge au sujet du manger ou du boire, ou au sujet d'une fête, d'une nouvelle lune, ou des sabbats. C'était l'ombre des 'hoses à venir, m'is le corps est en Christ. précepte qui tous deviennent pernicieux, par l'abus, et qui ne sont fondés que sur les ordonnances et les doctrines des hommes?

23. Ils ont, à la vérité, une apparence de sagesse, en ce qu'ils indiquent un culte volontaire, de l'humilité, et le mépris du corps, mais cela est sans valeur réelle et ne sert qu'à satisfaire la chair.

Apocalypse 10:7

Aux jours de la voix du septième ange, quand il sonnerait de la trompette, le mystère de Dieu s'accomplirait, comme'l'a annoncé à ses serviteurs, les 'rophètes.

CONDITION ET
ASSURANCE DU SALUT

Avec ces versets, les lécteurs comprendront que personne ne peut travailler pour son salut, parce que Jésus a déjà payé le prix. Il y a des principes à suivre en marchant avec Jésus, comme la Bible nou' le dit, nous ne travaillons pas pour notre salut mais vers notre salut.

Luc.18:28-30; Ap.2:7,17; Ap'3:12,21.

2Chroniques 7:14,19,20; Mc.16:16; Jn.3:3.

2 Chroniques 7:14,19,20

Si mon peuple sur qui est invoqué mon nom s'humilie, prie, et cherche ma face, et s'il se détourne de ses mauvaises voies, je l'éxaucerai des cieux, je lui pardonnerai son péché, et je guérirai son pays.

19. *Mais si vous vous détournez, si vous abandonnez mes lois et mes commandements que je vous ai préscrits, et si vous allez Servir d'autres dieux et vous prosternez devant eux,*

20. *Je vous arracherai de mon pays que je vous ai donné, et j'en ferai un sujet de sarcasme et de raillerie parmi tous les peuples.*

Mar'.16:16: Celui qui croira et qui sera baptisé sera sauvé, Mais Celui qui croira 'as sera condmané.

Matthieu 18:3. Jésus dit

Je vous le dis en vérité, si vous ne vous convertissez et si vous ne devenez comme les petits enfants, vous n'entrerez pas dans le royaume des cieux.

Luc 13:5. Jésus dit

Si vous ne vous repentez, vous périrez tous. Lu.9:23-25.
Jean 3:3,16,36
Jésus lui répondit: En vérité, en vérité je te le dis, si un homme ne nait de nouveau, il ne peut voir le royaume de Dieu.

16. *Car Dieu a tant aimé le monde qu'il a donné son Fils unique, afin que quiconque croit en lui ne périsse point mais qu'il ait la vie éternelle. Jn.1:4.*

36 *Celui qui croit au Fils a la vie éternelle, celui qui ne croit pas au Fils ne verra point la vie, mais la colère de Dieu demeure sur lui.*

Jean 14:6: Jésus dit

Je suis le chemin, la vérité et la vie. Nul ne vient au Père que par moi. Hé.9:8b; Jn.1:17; Jn.1:4; Jn.11:25; Jn.10:9.

Actes 4:12

Il n'y a de salut en aucun autre, car il n'y a sous le ciel aucun nom qui ait été donné parmi les hommes, par le quel nous devions être sauvés.

1 Jean 1:9

Si nous confessons nos péchés, il est fidèle et juste pour nous les pardonner, et pour nous purifier de toute 'niquité.

TÉMOIMS DE JÉSUS

És.43:8-12; Mt.28:19; Jn.5:36-39; Ac.1:8;
Ac.2:30-33; 2Th.1:4-10; 1Jn.4:12-17; 1Jn.5:7-13,20;
Ap.11:3-12; Ap.12:11;'Ap.19:10; Ap.20:4.

Ap.19:10.
Le témoignage de Jésus est l'ésprit de la prophétie.

Jean 15:26: Jésus dit

Quand sera venu le consolateur, que je vous enverai de la part du Père, l'Ésprit de vérité, qui vient du Père, il rendra témoignage de moi.

1Jean 5:9,10,12,13,20

Si nous recevons le témoignage des hommes,
le témoign'ge de Dieu e't plus grand; car le témoignage de Dieu consiste en ce qu'il a rendu témoignage à son Fils. Celui'qui croit au Fils de Dieu a ce témoignage en lui-même; celui qui ne croit pas Dieu le fait menteur, puisqu'il ne croit pas au témoignage que Dieu a rendu à son Fils

12. *Celui qui a le Fils a la vie; Celui qui n'a pas le Fils de Dieu n'a pas la vie.*

13. *Je vous ai écrit ces choses, afin que vous sachiez que vous avez la vie éternelle, vous qui croyez au nom du Fils de Dieu.*

20. *Nous savons aussi que le Fils de Dieu est venu, et qu'il nous a donné l'intelligence pour connaître le Véritable; et nous sommes dans le Véritable en son Fils Jésus-Christ. C'est lui qui est le Dieu véritable, et la vie éternelle.*

LA MISSION DE L'ÉGLISE UNIVERSELLE

Ce chapitre décrit la mission de Jésus-Christ sur la terre, avant de retourner vers son Père, il a envoyé ses disciples à travers le monde avec son pouvoir, et sa puissance pour continuer le travail, qui est la propagation de l'Évangile jusqu'à son retour, il a aussi assuré l'unité, afin tous soient un en Lui, comme Il est en son Père. Jn:17:21.

Matthieu 28:18-20. Jésus dit

Tout pouvoir m'a été donné dans le ciel et sur la terre. Allez, faites de toutes les nations des disciples, les baptisant au nom du Père, du Fils et du Saint Ésprit, et enseignez-leur à observer tout ce que je vous ai préscrit. Et voici je suis avec vous tous les jours jusqu'à la fin du monde. Jn.14:18.

Jean 3:16,36

Car Dieu a tant aimé le monde qu'il a donné son Fils unique, afin que qui-conque croit en lui ne périsse point, mais qu'il ait la vie éternelle.

Celui qui croit au Fils a la vie éternelle; celui qui ne croit pas au Fils ne verra point la vie, mais la colère de Dieu demeure sur lui.

Jean 12:44-48

Jésus s'était écrié: Celui qui croit en moi croit, non pas en moi, mais en celui qui m'a envoyé…

Je suis venu comme une lumière dans le monde, afin que quiconque croit en moi ne demeure pas dans les ténèbres.

Si quelqu'un entend mes paroles et ne les garde point, ce n'est pas moi qui le juge; car je suis venu non pour juger le monde, mais pour sauver le monde.

Celui qui me rejette et qui ne reçoit pas mes paroles a son juge la parole que j'ai annoncée, c'est elle qui le jugera

Au dernier jour.

Act 1:8. Jésus dit

Vous recevrez une puissance, le Saint Ésprit survenant sur vous, et vous serez mes témoins à Jérusalem, dans toute la judée, dans la Samarie et jusqu'aux éxtrémités de la terre.

Luc 10:19

Jésus leur dit: Voici, je vous ai donné le pouvoir de marcher sur les serpents et les scorpions, et sur toute la puissance de l'ennemi; et rien ne pourra vous nuire.

Marc.16:15-28

Jésus leur dit: Allez par tout le monde, et prêchez la bonne nouvelle à toute la création.

16. Celui qui croira et qui sera baptizé sera sauvé. mais celui qui ne croira pas sera condamné.

17. Voici les miracles qui accompagneront ceux qui auront cru; en mon nom, ils chasseront les démons; ils parleront de nouvelle langues;

18. ils saisiront des serpents; s'il boivent quelque breuvage mortel, il ne leur fera point de mal; ils imposeront les mains aux malades, et les malades seront guéris.

2Jean:9,10

Quiconque va plus loin et ne demeure pas dans la doctrine de Christ n'a point Dieu; celui qui demeure dans cette doctrine a le Père et le Fils.

Luc 4:43. Jésus dit

Il faut aussi que j'annonce aux autres villes la bonne nouvelle du royaume de Dieu; car c'est pour cela que j'ai été envoyé.

Jean 17:18-21: Jésus dit

Comme tu m'as envoyé dans le monde, je les ai aussi envoyés dans le monde. Et je me sanctifie moi-même pour eux, afin qu'eux aussi soient sanctifiés par ta vérité.

20. Ce n'est pas seulement pour eux que je te prie, mais encore pour ceux qui croiront en moi par leur parole.

21. afin que tous soient un, comme toi, Père, tu es en moi, et comme je suis en toi, afin qu'eux aussi soient un en nous, pour que le monde croie que tu m'as envoyé.

Jean 20:21-23

Jésus leur dit de nouveau: La paix soit avec vous! Comme le Père m'a envoyé, moi aussi je vous envoie.

Après ces paroles, il souffla sur eux, et leur dit: Recevez le Saint Ésprit.

Ceux à qui vous pardonnerez les péchés, ils leur seront pardonnés; et ceux à qui vous les retiendrez, ils leur seront retenus.

Matthieu 16:16-19: Jésus dit à Pièrre

Et moi, je te dis que tu es Pierre, et que sur cette pierre « en grec:Petros, petra, rocher »

Rocher, Dieu: De.32:15,30. La pierre angulaire « Jésus » Ps.118:22; Lu.20:17,18; 1Pi.2:4-7; Ép2:20 etc.

Je baptirai mon Église, et que les portes de la mort ne prévaudront point contre elle.

Je te donnerai les cléfs du royaume des cieux ce que tu lieras sur la terre sera lié dans les cieux, et ce que tu délieras sur la terre sera délié dans les cieux. Mt.18:18; Jn.20:23.

Act.15:7. Pièrre dit

Hommes frères, vous savez que dès longtemps Dieu a fait un choix parmi vous, afin que, par ma bouche, les païens entendent la parole de l'Évangile et qu'ils croient.

Act 2:38,39. Pièrre dit

Repentez-vous, et que chacun de vous soit baptisé au nom Jésus-Christ, à cause du pardon de vos péchés; et vous recevrez le don du saint-Esprit.

Car la promesse est pour vous, pour vos enfants, et pour

ceux qui sont au loin, 'n aussi grand nombre que le Seigneur notre Dieu les appellera. Act.3:19.

Jean 14:2,3: Jésus dit

Que votre coeur ne se trouble point. croyez en Dieu, et croyez en moi. Il y a plusieurs demeures dans la maison de mon Père, si cela n'était pas je vous l'aurais dit, je vais vous préparer une place; et lorsque je m'en serai allé et que je vous aurai préparé une place, je reviendrai, et je vous prendrai avec moi, afin que là oû je suis vous y soyez aussi. Ap.21:1-14, 21-28.

Les païens et les Juifs unis avec Dieu par la croix de Christ

Éphésiens 2:11-20

11. <u>C'est pourquoi, vous autrefois païens,</u> dans la chair, appelés incirconcis par ceux qu'on appelle circoncis et qui le sont en la chair par la main de l'homme,

12. souvenez-vous que vous étiez en ce temps-là sans Christ, privés du droit de cité en Israël, étrangers aux alliances et sans Dieu dans le monde. Ro.9:4

13. Mais maintenant, en Jésus-Christ, vous qui étiez jadis éloignés, vous avez été rapprochés par le sang de Christ;

14. car il est notre paix, lui qui des deux n'en a fait qu'un, et qui a renversé le mur de séparation, l'inimitié,

15. ayant anéanti par sa chair la loi des ordonnances dans ses préscriptions, afin de créer en lui-même avec les deux, un seul homme nouveau, en établissant la paix,

16. et de les réconcilier, l'un et l'autre en un seul corps, avec Dieu par la croix, en détruisant par elle l'inimitié.

17. Il est venu annoncer la paix à vous qui étiez loin, et la paix à ceux qui étaient près; És.57:19; Ép.3:12

18. car par lui nous avons les uns les autres accès auprès du Père dans un même ésprit. Jn.10:9; 14:6; Ro.5:2;

Ép.3:12; Hé.10:19

19. Ainsi donc, vous n'êtes plus des étrangers, ni des gens du dehors; mais vous êtes concitoyens des saints, gens de la maison de Dieu. Ga. 6:10

20. Vous avez été édifiés sur le fondement des apôtres et des prophètes, Jésus-Christ lui-même étant la pierre angulaire. 1Co.3:9,10; És.28:16,18; Ap.21:14; 1Pi.2:4.

Hébreux 10:19-22

19. Ainsi donc, frères, puisque nous avons, au moyen du sang de Jésus une libre entrée dans le sanctuaire. Jn. 10:9; 14:6

20. par la route nouvelle et vivante qu'il a inaugurée pour nous au travers du voile, c'est-à-dire de sa chair,

21. et puisque nous avons un souverain sacrificateur établi sur la maison de Dieu,

22. approchons-nous donc avec un cœur sincère, dans la plénitude de la foi, les cœurs purifiés d'une mauvaise conscience, et le corps lavé d'une eau pure.

Actes 10:34,35

34. Alors Pierre, ouvrant la bouche dit: En vérité, je reconnais que Dieu ne fait point acception de personne,

35. mais qu'en toute nation, celui qui le craint et qui pratique la justice lui est agréable.

1 Rois 8:39-43

39. Exauce-le, et pardonne; agis, et rends à chacun selon ses voies, toi qui connais le cœur de chacun, car seul tu connais le cœur de tous les enfants des hommes,

40. Et ils te craindront tout le temps qu'ils vivront dans le pays que tu as donné à nos pères!

41. Quand l'étranger, qui n'est pas de ton peuple d'Israël, viendra d'un pays lointain, à cause de ton nom,

42. Car on saura que ton nom est grand, ta main forte, et ton bras étendu, quand il viendra prier dans cette maison,

43. Exauce-le des cieux, du lieu de ta demeure, et accorde à cet étranger tout ce qu'il te demandera, afin que tous les peuples de la terre connaissent ton nom pour te craindre, comme ton peuple d'Israël, et sachent que ton nom est invoqué sur cette maison que j'ai bâtie.

Le publicain Zachée

Luc 19:1-10

1. Jésus, étant entré dans Jéricho, traversait la ville.

2. Et voici, un homme riche, appelé Zachée, chef des publicains, cherchait à voir qui était Jésus.

3. Mais il ne pouvait y parvenir à cause de la foule, car il était de petite taille.

4. Il courut en avant, et monta sur un sycomore pour le voir, parce qu'il devait passer par là.

5. Lorsque Jésus fut arrivé à cet endroit, il leva les yeux et lui dit: Zachée, hâte-toi de descendre; car il faut que je demeure aujourd'hui dans ta maison.

6. Zachée se hâta de descendre, et le reçut avec joie.

7. Voyant cela, tous murmuraient, et disaient: Il est allé se loger chez un homme pécheur.

8. Mais Zachée, se tenant devant le Seigneur, lui dit: Voici, Seigneur, je donne aux pauvres la moitié de mes biens, et si j'ai fait tort de quelque chose à quelqu'un, je lui rendrai le quadruple.

9. Jésus lui dit: Le salut est entré aujourd'hui dans cette maison, parce que celui-ci est aussi un fils d'Abraham. Lc.13:16

Car le Fils de l'homme est venu chercher et sauver ce qui était perdu. Mt. 10:6; Ac. 13:46.

Matthieu 28:19

20. Allez, faites de toutes les nations des disciples, les baptisant au nom du Père, du Fils, et du Saint-Ésprit, Mc. 16:15; Jn. 15:16;

20. et enseignez-leur à observer tout ce que je vous ai préscrit. Et voici, je suis avec vous tous les jours jusqu'à la fin du monde. Jn. 14:18

Marc 16:15,16

15. Puis il leur dit: Allez partout le monde, et prêchez la bonne nouvelle à toute la création. Mt.28:19; Jn.15:16

16. Celui qui croira et qui sera baptisé sera sauvé, mais celui qui ne croira pas sera condamné. Jn. 3:18; 12:48

Actes 1:8

Mais vous recevrez une puissance, le Saint-Esprit survenant sur vous, et vous serez mes témoins à Jérusalem, dans toute la Judée, dans la Samarie, et

jusqu'aux extrémités de la terre. Ac. 2:4; És. 2:3; Lc. 24:48 Jn. 15:27; Ac. 2:32.

Matthieu 8:11

Or, je vous déclare que plusieurs viendront de l'orient et de l'occident, et seront à table avec Abraham, Isaac et Jacob, dans le royaume des cieux. Lc.13:29; Ap.5:9,10; Ap. 7:9.

Luc 24:44-47

44. qu'il fallait que s'accomplît tout ce qui était écrit de moi dans la loi de Moïse, dans les prophètes et dans les psaumes.

45. Alors il leur ouvrit l'ésprit, afin qu'ils comprennent les écritures.

46. Et il leur dit: Ainsi il est écrit que le Christ souffrirait, et qu'il réssusciterait des morts le troisième jour,

47. et que la repentance et le pardon des péchés seraient prêchés en son nom à toutes les nations, à commencer par Jérusalem. Ac. 13:38; 1 Jn. 2:12; Ac. 2:4.

Galates 3:5, 8-29

5. Celui qui vous accorde l'Ésprit, et qui opère des miracles parmi vous, le fait-il donc par les œuvres de la loi, ou par la prédication de la foi…..

8. Aussi l'Écriture prévoyant que Dieu justifierait les païens par la foi, a d'avance annoncé cette bonne nouvelle à Abraham: Toutes les nations seront bénies en toi.

9. de sorte que ceux qui croient sont bénis avec Abraham le croyant;

10. car tous ceux qui s'attachent aux œuvres de la loi sont sous la malédiction….

11. Et que nul ne soit justifié devant Dieu par la loi, cela est évident, puisqu'il est dit: Le juste vivra par la foi. Ro.3:20; Ga.2:10; Ha.2:4; Ro.1:17; Hé.10:38

13. Christ nous a rachetés de la malédiction de la loi, étant devenu malédiction pour nous, car il est écrit: Maudit soit quiconque est pendu au bois.

14. afin que la bénédiction d'Abraham eût pour les païens son accomplissement en Jésus-Christ, et que nous reçussions par la foi l'Ésprit qui avait été promis. Mi.7:20 etc.

16. Or les promesses ont été faites à Abraham et à sa postérité. Il n'est pas dit: et aux postérités, comme s'il s'agit de plusieurs, mais en tant qu'il s'agit d'une seule, et à ta postérité c'est-à-dire, à Christ.

18. Mais l'Écriture a tout renfermé sous le péché, afin que ce qui avait été promis fût donné par la foi en Jésus-Christ à ceux qui croient. Ro.3:9; 11:32.

26. Car vous êtes tous fils de Dieu par la foi en Jésus-Christ.

És.65:5; Jn.1:32; Ro.8:15; Ga.4:5.

27. vous tous qui avez été baptisés en Christ, vous avez revêtu Christ. Ro.6:3.

28. Il n'y a plus ni Juif ni Grèc, il n'y a plus ni ésclave ni libre, il n'y a plus ni homme ni femme; car tous vous êtes un en Jésus-Christ. Jn.17:21

Et si vous êtes à Christ, vous êtes donc la postérité d'Abraham, héritiers selon la promesse. Ge.21:12; Ro.9:7; Hé.11:8.

Jean 17:8-10, 20,21

8. Car je leur ai donné les paroles que tu m'as données; et ils les ont reçues, et ils ont vraiment connu que tu m'as envo'é. Jn.16:27.

9. C'est pour eux que je prie. Je ne prie pas pour le monde, mais pour ceux que tu m'as donnés, parce qu'ils sont à toi.

10. Et tout ce qui est à moi est à toi, et ce qui est à toi est à moi; et je suis glorifié en eux.

20. Ce n'est pas pour eux seulement que je prie, mais encore pour tous ceux qui croiront en moi par leur parole,

21. afin que tous soient un, comme toi, Père, tu es en moi, et comme je suis en toi, afin qu'eux aussi soient un en nous, pour que le monde croie que tu m'as envoyé.

Le mystère de la vocation des païens. Immensité de l'amour de Christ.

Éphésiens 3:1-12

1. à cause de cela, moi Paul, le prisonnier de Christ pour vous païens, Ac.21:33; Ép.4:1; Ph.1:7,13,14,16; Col.4:3; 2Ti.1:8.

2. Si du moins vous avez appris quelle est la dispensation de la grâce de Dieu, qui m'a été donnée pour vous. Ro.1:5; Ac.13:2; Ép 3:8.

3. C'est par révélation que j'ai eu connaissance du mystère sur lequel je viens d'écrire en peu de mots. Ac.22:17,21; 26:16,17; Ga.1:11,12; Ro.16:25.

4. En les lisant, vous pouvez vous représenter l'intelligence que j'ai du mystère de Christ.

Il n'a pas été manifesté aux fils des hommes dans les autres générations, comme il a été révélé maintenant par l'Ésprit aux saints apôtres et prophètes de Christ. Ac.10:28.

6. Ce mystère, c'est que les païens sont cohéritiers, forment

un même corps, et participent à la même promesse en Jésus-Christ par l'Évangile.

7. dont j'ai été fait ministre selon le don de la grâce de Dieu, qui m'a été accordée par l'efficacité de sa puissance. Ép.1:19; Col. 2:12.

8. A moi qui suis le moindre de tous les saints, cette grâce a été accordée d'annoncer aux païens les richesses incompréhensibles de Christ, 1Ti.1:15; Ac.9:15; 13:2; 22:21; Ga.1:16; 2:8; 1 Ti.2:7; 2Ti. 1:11.

9. et de mettre en lumière quelle est la dispensation du mystère caché tout temps en Dieu qui a créé toutes choses,

10. afin que les dominations et les autorités dans les lieux célestes connaissent aujourd'hui par l'Église la sagesse infiniment variée de Dieu. 1 Pi.1:22

11. selon le dessein éternel qu'il a mis à exécution par Jésus-Christ notre Seigneur,

12. en qui nous avons, par la foi en lui, la liberté de nous approcher de Dieu avec confiance. Jn.10:9; 14:6; Ro.5:2; Ép.2:18.

Jean 3:16, 36

Car Dieu a tant aimé le monde qu'il a donné son Fils unique, afin que quiconque croit en lui ne périsse point, mais qu'il ait la vie éternelle. Ro.5:8; 8:31; 1Jn. 4:9; Lc.19:10.

Celui qui croit au Fils a la vie éternelle; celui qui ne croit pas au Fils ne verra point la vie, mais la colère de Dieu demeure sur lui. 1Jn.5:10

Jean 6:37-50

37. Tout ce que le Père me donne viendra à moi, et je ne mettrai point dehors celui qui vient à moi;

38. car je suis descendu du ciel pour faire non ma volonté, mais la volonté de celui qui m'a envoyé. Mt.26:39; Mc.14:36; Lc.22:42; Jn.5:30.

39. Or la volonté de celui qui m'a envoyé, c'est que je ne perde rien de tout ce qu'il m'a donné, mais que je le ressuscite au dernier jour. Jn.10:28; 17:12: 18:9.

40. La volonté de mon Père, c'est que quiconque voit le Fils et croit en lui ait la vie éternelle, et je le ressusciterai au dernier jour. Jn. 3:16; 4:14; 6:27, 54.

45. Il est écrit dans les prophètes: Ils seront tous enseignés de Dieu. Ainsi quiconque a entendu le Père et a reçu son enseignement vient à moi. És. 45:13; Jé. 31:33; Hé. 8:10; 10:10.

46. Ce n'est pas que personne ait vu le Père, sinon celui qui vient de Dieu; celui-là a vu le Père. Mt.11:27; Lc.10:22; Jn.1:18; 7:29; 8:19

47. En vérité, en vérité, je vous le dis, celui qui croit en moi a la vie éternelle.

48. Je suis le pain de vie.

Actes 9:15

Mais le Seigneur lui dit: Va, car cet homme (Paul) est un instrument que j'ai choisi, pour porter mon nom devant les nations, devant les rois, et devant les fils d'Israël.
Ac.13:2; 22:1; Ro.1:1; Ép.3:8; Ga.1:15.

1 Timothée 2:7

7. Et pour lequel j'ai été établi prédicateur et apôtre...

Je dis la vérité, je ne mens pas...

chargé d'instruire les païens dans la foi et la vérité. Ac.9:15; 13:2; 22:21; Ga.1:16; 2:8; Ép.3:8; 2 Ti.1:11; Ro.1:9;9:1.

8. Je veux donc que les hommes prient en tout lieu, en élevant des mains pures, sans colère ni mauvaises pensées Ps.134:2.

Colossiens 1:12-14, 20-28

12. Rendez grâces au Père, qui vous a rendus capables d'avoir part à l'héritage des saints dans la lumière

13. qui nous a délivrés de la puissance des ténèbres et nous a transportés dans le royaume du Fils de son amour, Ép.2:4; 1Th.2:12; Mt.3:17; 17:5; 1Pi.1:17.

14. en qui nous avons la rédemption, la rémission des péchés. Ac.20:28; Ép.1:7; Hé 9:14; 1Pi.1:17

16. Il est l'image du Dieu invisible, le premier-né de toute la création. 2Co.4:4; Ph.2:6; Hé.1:3; Ap.3:14. Car en lui ont été crées toutes les choses qui sont dans les cieux et sur la terre, les visibles et les invisibles, trônes, dignités,

dominations, autorités, tout a été créé par lui et pour lui. Ge.1:1; Ps.33:6; Jn.1:3; Ép.3:9; Hé.1:2.

17. Il a voulu par lui réconcilier tout avec lui-même, tant ce qui est sur la terre que ce qui est dans les cieux, en faisant la paix par lui, par le sang de sa croix. 1Jn 4:10; És.9:6; Jn.16:33; Ac.10:36; Ro.5:1; Ép.2:14.

21. Et vous, qui étiez autrefois étrangers et ennemis par vos pensées et par vos mauvaises œuvres, il vous a maintenant réconciliés par sa mort dans le corps de sa chair,

22. pour vous faire paraître devant lui saints, irrépréhensibles et sans reproche, Lc.1:75; Ép.1:4; 5:27; 2Ti.1:9; Tite 2:12.si du moins vous demeurez fondés et inébranlables dans la foi, sans vous détourner de l'éspérance de l'Évangile que vous avez entendu, qui a été prêché à toute la créature sous le ciel, et dont moi Paul, j'ai été fait ministre. Jn.15:6.

Travaux de Paul dans son ministère parmi les païens:

Ép.3:1-13; 1Co. 2:7-17

24. Je me réjouis dans mes souffrances pour vous; et ce qui manque aux souffrances de Christ, je l'achève en ma chair, pour son corps, qui est l'Église. 2 Co.7:4; Ép3:13

25. C'est elle que j'ai été fait ministre, selon la charge que Dieu m'a donnée auprès de vous, afin 'ue j'annonçasse pleinement la parole de Dieu,

26. Le mystère caché de tout temps et dans tous les âges, mais révélé maintenant à ses saints, Mt.13:11

27. à qui Dieu a voulu faire connaître quelle est la glorieuse richesse de ce mystère parmi les païens, savoir: Christ en vous, l'espérance de la gloire. 2Co.2:14; 1Ti.1:1.

28. C'est lui que nous annonçons, exhortant tout homme, et instruisant tout homme en toute sagesse, afin de présenter à Dieu tout homme devenu parfait en Christ.

Actes 10:1-48: Le centenier Corneille, premier païen converti par le ministère de l'apôtre Pièrre.

Romains 1:5

Jésus-Christ notre Seigneur, par qui nous avons reçu la grâce et l'apostolat, pour amener en son 'om à l'obéissance de la foi tous les païens.

Timothée 1:15

C'est une parole certaine et entièrement digne d'être reçue, que Christ est venu dans le monde pour sauver les pécheurs, dont je suis le premier.

Apocalypse 5:9,10

9. Ils chantaient un cantique nouveau, en disant: Tu es digne de prendre le livre, et d'en ouvrir les sceaux; car tu as été immolé, et tu as racheté pour Dieu, par ton sang, des hommes de toute tribu, de toute langue, de tout peuple, et de toute nation; Ap.14:3; 4:11; Ac.20:28; Ép.1:7; Co.1:14; Hé. 9:12; 10:10; 1 Pi.1:19; 1 Jn. 1:7.

10. *Tu as fait d'eux un royaume et des sacrificateurs pour notre Dieu, et ils régneront sur la terre.*

Apocalypse 7:9-17

9. Après cela, je regardai, et voici, il y avait une grande foule que personne ne pouvait compter, de toute nation, de toute tribu, de tout peuple, et de toute langue. Ils se tenaient devant le trône et devant l'Agneau, revêtus de robes blanches, et des palmes dans leurs mains.

13. Et l'un des vieillards prit la parole et me dit: Ceux qui sont revêtus de robes blanches, qui sont-ils, et d'où sont-ils venus?

14. Je lui dis: Mon seigneur, tu le sais. Et il me dit: Ce sont ceux qui viennent de la grande tribulation; ils ont lavé leurs robes, et ils les ont blanchies dans le sang de l'Agneau.

15. C'est pour cela qu'ils sont devant le trône de Dieu, et le servent jour et nuit dans son temple. Celui qui est assis sur le trône dressera sa tente sur eux;

16. ils n'auront plus faim, ils n'auront plus soif, et le soleil ne les frappera point, ni aucune chaleur. És. 49:10; Ps. 121:6.

17. Car l'Agneau qui est au milieu du trône les paîtra et les conduira aux sources des eaux de la vie, et essuiera toute larme de leurs yeux. .Ps.23:1; És.25:8; Ap.21:4.

Règne des fidèles et de Christ

Apocalypse 20:4-6

5. Et je vis des trônes; et à ceux qui s'y assirent fut donné le pouvoir de juger. Et je vis les âmes de ceux qui avaient

été décapités à cause du témoignage de Jésus et à cause de la parole de Dieu, et de ceux qui n'avaient pas adoré la bête ni son image, et qui n'avaient pas reçu la marque sur leur front et sur leur main.

Ils revinrent à la vie, et ils régnèrent avec Christ pendant mille ans. Ap.6:10; 13:12; 15,16; Ap.6:11.

Les autres morts ne revinrent point à la vie jusqu'à ce que les mille ans fussent accomplis. C'est la première résurrection.

LE RETOUR DE JÉSUS–CHRIST SERA SUIVI DE LA GRANDE TRIBULATION

Mt.24:29-31; Ap.7:9-14

1* *LE TEMPS DES NATIONS, DÉSTRUCTION FINALE P'R JÉSUS-CHRIST, SA VICTOIRE*

Luc 21:21,25-28,31; Ap.6:16,17; Ap.16:17,'0; Ap.17:2,5,14; Ap.18:3-24; Éz.28:13,18; Ap.19:1-9

2* *Le mystère de la grande tribulation*

Lé.26:14-46; Éz.5:6-17; Éz.9:4-10;
Éz.38:8,9,20-23; Éz.39:4-29; Da.11:31-35,40-45;
Da.9:24-27; Da'12:1-4,9,10-12; Amos 5:18-20; Za.13:8,9;
Za.14:1-7,12-15; Mt.24:21-31;
Mc.13:19-27; Luc 21:20-28,31; 2 Pi.3:10-13;
Ap.6:6-17; Ap.7:13,14; Ap.20:4.

<u>Daniel 11:29-35,45</u>

Des troupes se présenteront sur son ordre; elles profaner'nt le sanctuaire, la forteresse, elles fe'ont cesser le sacrifice perpétuel, 't dresseront l'abonation du dévastateur.

32. *Il séduira par flatteries les traîtres de l'alliance.*

mais ceux du peuple qui connaîtront leur Dieu agiront avec fermeté.

33. *Et les plus sages parmi eux donneront instruction à la multitude. Il en est qui succomberont pour un temps à l'épée et à la flamme, à la captivité et au p'llage.*

34. *Dans le temps où ils succomberont, ils seront un p'u secourus. Mt.24:24. Et plusieurs se joindront à eux par hypocrisie.*

35. *Quelques-uns des hommes sages succomberont, afin qu'ils soient épurés, purifiés et blanchis, jusqu'au temps de la fin, car elle arrivera qu'au temps marqué.*

45. *Il dressera les tentes de son palais entre les mers, vers la glorieuse et sainte montagne.*

Puis il arrivera à la fin, sans que personne lui soit venu en aide.

<u>Daniel 12:1-3,10</u>

1. *En ce temps-là se levera Michaël, le grand chef, le défenseur des enfants de ton peuple; et ce sera une époque de détresse, telle qu'il n'y en a point eu de semblable depuis que les nations éxistent jusqu'à cette époque.*

En ce temps-là, ceux de ton peuple qui seront trouvés inscrits dans le livre seront sauvés.
Mt.24:22; Ap.20:4-6.

Zacharie 14:1-7,12-15

1. Voici, le jour de l'Éternel arrive, et tes dépouilles seront partagés au milieu de toi...

5. Vous fuirez alors dans la vallée de mes montagnes...

Vous fuirez comme vous avez fui devant le tremblement de terre, au temps d'Ozias, roi de Juda.

Et l'Éternel, mon Dieu, viendra et tous ses saints avec lui. Ap.14:1-5; Ap.17:14; Ap.19:14;

2 Pierre 3:10,12

10. Le Jour du Seigneur viendra comme un voleur; en ce jour, les cieux passeront avec fracas, les éléments embrasés se dissoudront, et la terre avec les oeuvres qu'elle renferme sera consumée.

12. Attendez et hâtez l'avènement du jour de Dieu, jour à cause duquel les cieux enflammés se dissoudront et les éléments embrasés se fondront!

Ézéchiel 5:11-17

C'est pourquoi, je suis vivant! dit le Seigneur, l'Éternel, parce que tu as souillé mon sanctuaire par toutes tes idoles et toutes tes abominations, moi aussi je retirerai mon oeil, et mon oeil sera sans pitié, moi aussi je n'aurai point de miséricorde.

Un tiers de tes habitants mourra de la peste et sera consumé par par la famine au milieu de toi, un tiers tombera par l'épée autour de toi; et j'en disperserai un tiers à tous les vents, et je tirerai l'épée derrière eux.

J'assouvirai ainsi ma colère, je ferai reposer ma fureur sur eux, je me donnerai satisfaction; et ils sauront que moi. l'Éternel, j'ai parlé dans ma colère, en rèpandant sur eux ma fureur.

Quand j'exécuterai contre toi mes jugements, avec colère, avec fureur, et par des chatiments rigoureux, c'est moi, l'Éternel, qui parle.

Quand je lancerai sur eux les flèches pernicieuses de la famine, qui donnent la mort, et que j'enverai pour vous détruire; car j'ajouterai la famine à vos maux, je briserai pour vous le bâton du pain.

j'enverrai contre vous la famine les bêtes féroces, qui te priveront d'enfants; la peste et le sang passeront au milieu de toi; je ferai venir l'épée sur toi. C'est moi, L'Éternel, qui parle.

Ézéchiel 38:8,9,20

8. Après bien des jours, tu seras à leur tête; Dans la suite des années, tu marcheras contre le pays dont les habitants, échapés à l'épée, auront été rassemblés d'entre plusieurs peuples sur les montagnes d'Israël longtemps désertes; Retiré du milieu des peuples...

20. Les poissons de la mer et tous les oiseaux du ciel trembleront devant moi...et tous les hommes qui sont sur la surface de la terre.

21. j'appellerai l'épée contre lui sur toutes mes montagnes dit l'Éternel...

Matthieu 24:21-31

21. Car la détresse sera si grande qu'il n'y en a point eu de pareille depuis le commencement du monde jusqu'à présent, et qu'il n'y en aura jamais.

22. Et, si ces jours n'étaient abrégés, personne ne serait sauvé, mais, à cause des élus, ces jours seront abrégés...

23. Car il s'élèvera de faux christ et de faux prophètes; ils feront de grands prodiges et des miracles, au point de séduire, s'il était possible même les élus. De.7:6; Mt.19:28; 1Pi.2:9; Éz.9:4; Ap.14:1-5 etc.

24. Car, comme l'éclair part de l'orient et se montre jusqu'en occident, ainsi sera l'avènement du Fils de l'homme...

29. Aussitôt après ces jours de détresse, le soleil s'obscurcira, la lune ne donnera plus sa lumière, les étoiles tomberont des cieux seront ébranlées.

30. Alors le signe du Fils de l'homme paraîtra dans le ciel, toutes les tribus de la terre se lamenteront, et elles verront le Fils de l'homme venant sur les nuées du ciel avec puissance et une grande gloire.

31. Il enverra ses anges avec la trompette retentissante, et ils rassembleront ses élus des quatre vents, d'une extrémité à l'autre De.30:4,5; És,11:11,12; Éz.11:16,17 etc.

Luc 21:20-31

Lorsque vous verrez Jérusalem invéstie par des armées, Sachez alors que sa désolation est proche. Da.9:27; Mt.24:15; Mc.13:14.

21 Alors, que ceux qui seront en Judée fuient dans les montagnes, que ceux qui seront au milieu de Jérusalem en sortent, et que ceux qui seront dans les champs n'entrent pas dans la ville.

22 car ce seront des jours de vengeances, pour l'accomplissement de ce qui est écrit. Malheur aux femmes qui seront enceintes et à celles qui allaiteront en ces jours-là! Car il y aura une grande détresse dans le pays, et de la colère contre ce peuple.

24 Ils tomberont sous le tranchant de l'épée, ils seront emmenés captifs parmi les nations, jusqu'à ce que les temps des nations soient accomplis. Ro.11:25.

25 Il y aura des signes dans le soleil,dans la lune et dans les étoiles. Et sur la terre, il y aura de l'angoisse chez les nations, Qui ne soront que faire, au bruit de la mer et des flots,

26 Les hommes rendant l'âme de terreur de ce qui surviendra pour la terre; car la puissance des cieux seront ébranlée.

27 Alors on verra le Fils de l'homme venant sur une nuée avec puissance et une grande gloire. Da.7:10; Mt.16:27; Mt.24:30,25,31; 26:64; Mc.13:26,26,14 62; Ac.1:11; 2Th.1:10; Ap.1:7.

28 Quand ces choses commenceront à arriver, redressez-vous et levez vos têtes, parce que votre délivrance approche.

Apocalypse 6:8-17

9. quand il ouvrit le cinquième sceau, je vis sous l'autel les âmes de ceux qui avaient été immolés à cause de la parole de Dieu et à cause du témoignage qu'ils avaient rendu.

de notre sang sur les habitants de la terre?

11. Une robe blanche fut donnée à chacun d'eux, et il leur dit de se tenir en repos quelque temps encore, jusqu'à ce que soit complet le nombre de leur compagnons de service et de leurs frères qui devaient être mis à mort comme eux.

Apocalypse 7:9-14

la multitude des païens sauvés pendant la grande tribulation

9 Après cela, je regardai, et voici il y avait une grande foule, que personne ne pouvait compter, de toute nation, de toute tribu, de tout peuple, et de toute langue. Ils se tenaient devant le trône et devant l'Agneau, revêtus de robes blanches, et des palmes dans leurs mains...

13. Et l'un des viéllards me dit: ceux qui sont revêtus de robes blanches qui sont-ils, et d'oû sont ils venus?

14. Je lui dis: Mon seigneur tu le sais. Et il me dit: Ce sont ceux qui viennent de la grande tribulation; Ils ont lavé leurs robes, et ils les ont blanchies dans le sang de l'Agneau.

Apocalypse 9:1-20

1   Le cinquième ange sonna de la trompette. Et je vis une étoile qui était tombée du ciel sur la terre. La clef du puits de l'abîme lui fut donnée.

2   et elle ouvrit le puits de l'abîme et il monta du puits une fume… Ap.6:6; Éz.9:4; Ap.7:3.

4.   Il leur fut dit de ne point faire du mal à la terre mais seulement aux hommes qui n'avaient pas le sceau de Dieu sur leur front

5   Il leur fut donné, non de les tuer, mais de les tourmenter pendant cinq mois…

6.   En ces jours-là, les hommes chercheront la mort, et ils ne la trouveront pas; Ils désireront mourir, et la mort fuira loin d'eux…

13   Le sixième ange sonna de la trompette…

14   Et disant au sixième ange…

Délie les quatre anges qui sont liés sur le grand fleuve d'Euphrate…

qui étaient prêts pour l'heure, le jour, le mois et l'année, furent déliés afin qu'ils tuassent le tiers des hommes.

16   Le nombre des cavaliers de l'armée était de deux myriades De myriades.

Apocalypse 13:7,8,13-18

7. Il fut donné de faire la guerre aux saints, et de les vaincre. Il lui fut donné autorité sur toute tribu, tout peuple, toute langue, et toute nation...Da.8:13,14.

Et tous les habitants de la terre l'adorent, ceux dont le nom n'a pas été écrit dans le livre de vie de l'Agneau qui a été immolé dès la fondation du monde.

Ap.14:9-11

Trois anges proclament le jugement de Dieu:

9   Et un autre troisième ange les suivit, en disant d'une forte voix: Si quelqu'un adore la bête et son image, et reçoit une marque Sur son front ou sur sa main,

10 il boira, lui aussi du vin de la fureur de Dieu, versé sans mélange dans la coupe de sa colère, et il sera tourmenté dans le feu et le soufre, devant les saints anges et devant l'Agneau. Ap.18:5; Ap.16:19; Ap.20:10; Ap.19:20.

L'OUVERTURE DES SEPT SCEAUX

1* sceau

Ap. 6:1,2: le faux christ. Mt.24:4; Mc.13:22;

2* sceau

Ap. 6:3,4: la guerre. Éz..38.

3* sceau

Ap. 6:5: la famine. Éz.5:5-17; Lé.26.

6b* Mais ne fais point de mal à l'huile et au vin. Éz.9:4; Ap.7:3,4: Ap. 17:14:1-5. ceux qui avaient été marqués du sceaux de Dieu

4* sceau

Ap.6:8. la mort par l'épée, la famine et les bêtes sauvages de la terre. Jé.9:11; Éz.5:L12-17; Éz.38:18-23; Za. 14:1-15; Mc.7:6-9,13.

5* sceau

Ap. 6:9-11: les martyrs; Ap.19:10b; Ap.20:4.

6* sceau

Ap.6:12-17: les cieux et la terre sont ébranlés par la colère de l'Agneau. Mt.24:21-24,29-31.

7* sceau

Ap. 8:1-6Jugement annoncé par les sept trompettes.

Ap.10:1-11; Da.2:34,35

<u>Les jugements annoncés par les sept trompettes</u>

1^{ère*} trompette

Ap. 8:7: Grêle, feu et le sang; Le tires des arbres fut brulé.

2^{ème*} trompette

Ap.8:8,9: une montagne embrasée par le feu fut jeté dans la mer. Le tiers de la mer devint du sang, le tiers des navires fut détruit. Ap.18:1-24.

3ème* trompette

Ap.8:10,11: Une étoile, Absinth, tombée du ciel sur le tiers des fleuves et des sources des eaux et fuent chagé en absinthe, beaucoup d'hommes moururent par leau.

4ème* trompette

Ap. 8:12,13: Les signes dans le ciel: le soleil, la lune, et le tiers des étoiles le tiers obscurci.

5ème* trompette

Ap. 9:1-12: Ouverture du puis de l'abîme. Des sauterelles de la fumée répandirent sur la terre, ayant l'ange de l'abîme, Abaddon comme roi, pour tourmenter aux hommes qui n'avaient pas le sceau de Dieu sur leur front pendant cinq mois. Éz.9:4; Ap.6:6b; Ap.7:3,4; Ap. :1-5.

6 ème* trompette

Ap.9:13-21: Les anges déchus furent déliés pour tuer le tiers des hommes par trois fléaux, le feu la fumée et le soufre. Les cavaliers de l'armée deux myriades de myriades. Le reste des hommes qui ne furent pas tués ne se repentirent pas.

Ap. 10:1-7: Prélude à la septième trompette; Le mystère de Dieu s'accomplirait, comme il l'annoncé à ses serviteurs, les prophètes. les prophètes prophétiseront sur beaucoup de peuples, de nations, de langues, et des rois. Ap.14:6-13 .

Ap.11:1,2

La reconstruction du temple de Dieu.

Le temps des nations doit s'achever en quarante-deux mois.

Da.8:23-25

à la fin de leur domination, lorsque les pécheurs seront consumés, il s'élevera un roi imprudent et artificieux.

24. sa puissance s'accroîtra, mais non par sa propre force; Il fera d'incroyables ravages, il réussira dans ses entreprises, il détruira les puissants et le peuple des saints.

25. A cause de sa prospérité et du succès de ses ruses, aura de l'arrogance dans le coeur, il fera périr beaucoup d'hommes qui vivaient paisiblement, et il s'élèvera contre le chef des chefs mais il sera brisé, sans l'effort d'aucune main.

Ap.11:3-14

Les deux témoins puissants prophétisent pendant mille deux cent soixante jours.

Qu' ils auront achevé leur témoignage, la bête leur fera la guerre leur vaincra et les tuera.

11. Après trois jours et demi l'ésprit de vie, entra en eux, et ils se tinrent sur leur pieds... ils montèrent au ciel dans la nuée.

13. A cette heure-là , il y eut un grand tremblement de terre, et la dixième partie de la ville tomba; sept mille hommes furent tués; et les autres furent éffréyés et donnèrent gloire au Dieu du ciel.

Ap.14:6-13

l'ange annonce l'Évangile éternel, aux habitants de la terre, à toute nation, à toute tribu, à toute langue, et à tout peuple. il annonce le jugement des adorateurs de la bête.

12. c'est ici la persévérance des saints, qui gardent les commendements de Dieu et la foi de Jésus.

Celui qui vaincra, je le ferai assoir avec moi sur mon trône.

Ez.9:11:3; Th.4:15-17; Ap.3:21; Ap.6:6b; Ap.7:3,4; Ap10:7; Ap.11:15-19; Ap.14:1-5,12,13; Ap.21:2-14; Ap. 22:1; Da.7:13,14,18,27; 19-29; De.30:17-19.

Ap. 11:15-19

Septième* trompette: Le règne de Jésus-Christ annoncé.

15. **Le septième ange sonna de la trompette. Et il y eut dans le ciel de fortes voix qui disaient: Le royaume du monde est remis à notre Seigneur et à son Christ; et il règnera aux siècles des siècles.**

Réstauration finale d'Israël

De.30:1-10; És.1:26,27; És.11:1-16; És.27:12,13; És.25:6-10; És.49:8-26; És.61:1-11; És.65:17-25; És.66:10-14,19-24; És.62:1-12; Jé.5:14-19; Jé.12:14,15; Jé.30:17-24; Jé.3:31-38; Jé.32:37-44; Éz.20:41,42; Za.1-10,8:20-25; Za.14:9-12,16.17; Joe.3:14-21; Os.14:1-8; Mi.4:1-7; Am.9:13-15;

De. 30:1-10

Si tu reviens à l'Éternel, ton Dieu, et si tu obéis à sa voix de tout ton cœur, et de toute ton âme, toi et tes enfants, selon tout ce que je te prescris qu'aujourd'hui,

3. Alors l'Erernel, ton Dieu, ramènera tes captifs et aura compassion de toi, il te rassemblera encore du milieu de tous les peuples chez lesquels l'Éternel, ton Dieu, t'aura dispersé.

4. Quand tu serais éxilée à l'autre éxtrémité du ciel, l'Éternel, ton Dieu, te rassemblera de là, et c'est là qu'il t'ira chercher.

5. L'Éternel, ton Dieu te ramènera dans le pays que possedaient tes pères, et tu le possèderas; il te fera du bien, et te rendra plus nombreux que tes pères.

Jérémie 12:14,15

Ainsi parle l'Éternel sur tous mes méchants voisins, qui attaquent l'héritage que j'ai donné à mon peuple d'Israël:

voici, je les arracherai de leur pays, Et j'arracherai la maison de Juda du milieu d'eux.

15. Mais après que je les aurai arraché, j'aurai de nouveau compassion d'eux, et je les ramènerai chacun dans son héritage, chacun dans son pays.

Jérémie 23:3-8

Je rassemblerai le reste de mes brebis de tous les pays oû je les ai chassées; je les ramènerai dans leur pâturage; Elle seront fécondes et multiplieront...

En son temps, Juda sera sauvé, Israël aura la sécurité dans sa demeure; Et voici le nom dont on l'appellera: l'Éternel notre justice.

8. On dira: l'Éternel est vivant, lui qui a fait monter et qui a ramené la postérité de la maison d'Israël du pays du septantrion et de tous les pays oû je les avais chassé! Et ils habiteront dans leur pays.

Ésaie 11:11,12

En ce même temps, le Seigneur étendra une seconde fois sa main, pour racheter le reste de son peuple, dispersé en Assyrie et en Égypte, à Pathros et en Ethiopie, à Elam, à Schinelar et à Hamath, et dans les iles de la mer.

12. Il élevera une banière pour les nations, Il rassemblera les éxilés d'Israël, et il recueillera les dispsés de Juda, des quatre éxtrémités de la terre.

Ésaie:10-13

Les fils de l'étranger rebâtiront tes murs, et leurs rois Seront tes serviteurs; Car je frappé dans ma colère, mais dans ma misèricorde j'ai pitié de toi.

11. Tes portes ne seront jamais fermées ni jour ni nuit, Afin de laisser entrer chez toi les trésors des nations, et leur Rois avec leur suite.

12. Car la nation et le royaume qui ne te serviront pas Périront, ces nations-là seront éxterminées.

Ésaie 61:4-11

4. Ils bâtiront sur d'anciennes ruines; Ils relèveront d'antiques décombres, ils renouvelleront des villes ravagées, dévastées depuis longtemps.

5. Des étrangers seront là et feront paître vos troupeaux. Des fils de l'étranger seront vos laboureurs et vos vignerons.

6. Mais vous, on vous appellera sacrificateurs de l'Éternel, on vous nommera serviteurs de Dieu; Vous mangerez les richesses de nations Et vous vous glorifirez de leur gloire.

9. Leur races sera connue parmi les nations, et leur postérité parmi les peuples; Tous ceux qui les verront reconnaîtront qu'ils sont une race bénie de l'Éternel...

Ésaïe 62:1-4,11,12

1. Pour l'amour de Sion je ne me tairai point, pour l'amour de Jérusalem je ne prendrai point de repos, jusqu'à ce

que son salut paraisse, comme l'aurore, et sa délivrance, comme un flambeau qui s'allume.

2. Alors les nations verront ton salut, et tous les rois ta gloire; Et l'on t'appellera d'un nom nouveau, que la bouche de l'Éternel déterminera.

3. Tu seras une couronne éclatante dans la main de l'Éternel.

un turban royal dans la main de ton Dieu. 1 Pi. 2:9; Ex. 19:5,6; Es. 54:5

4. On ne te nommera plus déléssée, on ne nommera plus ta terre désolation; mais on appellera ta terre épouse; Car l'Éternel met son plaisir en toi.

11. Voici ce que l'Éternel proclame aux extrémité de la terre: dites à la fille de Sion: voici, ton sauveur arrive; Et le salaire est avec lui, et les rétibutions le précèdent

12. On les appellera peuple saint, rachetés de l'Éternel; Et toi, on t'appellera rachetée ville non délaissée.

Ézéchiel 20:41,42

41. Je vous recevrai comme un parfum d' une agréable odeur quand je vous aurai fait sortir du milieu des peuples, et rassemblés des pays oû vous êtes dispersés; et je sanctifié par vous aux yeux des nations.

Ézéchiel 28:25,26

25. Ainsi parle le Seigneur, l'Éternel: lorsque je rassemblerai la maison d'Israël du milieu des peuples oû elle est dispersée. je manifesterai en elle ma sainteté aux yeux

des nations, et ils habiteront leur pays que j'ai donné à mon serviteur Jacob.

Ils habiteront en sécurité, et ils bâtiront des maisons et planteront vignes; ils y habiteront en sécurité, quand j'éxercerai mes jugements contre tous ceux qui les entourent et qui les méprisent, et ils sauront que je suis l'Éternel, leur Dieu.

Ézéchiel 34:11-30

Car ainsi parle l'Éternel...

13. Je les retirerai d'entre les peuples, je les rassemblerai des diverses contrées, et je les ramènerai dans leur pays je les ferai paître sur les montagnes d'Israël, le long des ruisseaux, et dans tous les lieux habités du pays.

14. Je les ferai paître dans un bon pâturage, et leur demeure sera sur les montagnes élevées d'Israël; là elles reposeront dans un agréable asile, et elles auront de gras pâturages sur les montagnes d'Israël.

29. J'établirai pour elles une plantation qui aura du renom; elles ne seront plus consumé par la faim dans le pays...

30. Et elles sauront que moi, l'Éternel, leur Dieu, je suis avec elles, et qu'elles sont mon peuple, elles, la maison d'Israël, dit le Seigneur l'Éternel.

Ézéchiel 36:21-38

Et j'ai voulu sauver l'honneur de mon saint nom, que profanait la maison d'Israël parmi les nations oû elle es allée.

22. C'est pourquoi dis à la maison d'Israël: Ainsi parle le Seigneur, l'Éternel: Ce n'est pas à cause de vous que j'agis de la sorte, maison d'Israël; c'est à cause de mon saint

nom, que vous avez profané parmi les nations oû vous êtes allés.

23. Je sanctifierai mon grand nom, qui a été profané parmi les nations, que vous avez profané parmi les nations, et les nations sauront que je suis l'Éternel, dit le Ségneur l'Éternel, quand je serai sanctifié par vous sous leurs yeux.

24. Je vous retirerai d'entre les nations, je vous rassemblerai de tous les pays, et je vous ramènerai dans votre pays.

28. Vous habiterez le pays que j'ai donné à vos pères; vous serez mon peuple, et je serai votre Dieu...

34. La terre dévastée sera cultivée, tandisqu'elle était déserte aux yeux de tous les passants.

35. Et l'on dira: Cette terre dévastée est devenue comme un jardin d'Eden; et ces villes ruinées, désertes et abattues, sont fortifiées et habitées.

36. Et les nations qui resteront autour de vous sauront que moi, l'Éternel, j'ai retabli ce qui était abattu, et planté ce qui était dévasté. moi, l'Éternel, j'ai parlé et j'agirai.

Ézéchiel 37:21-28

25. Ils habiteront le pays que j'ai donné à mon serviteur Jacob, et qu'ont habité vos pères, ils y habiteront, eux, leurs enfants, et les enfants de leurs enfants, à perpétuité ...

26. Je traiterai avec eux une alliance de paix et il y aura une alliance éternelle avec eux; je les établirai, je les

multiplierai, et je placerai mon sanctuaire au milieu d'eux pour toujours.

27 Ma demeure sera parmi eux je serai leur Dieu, et ils seront mon peuple.

Et les nations sauront que je suis l'Éternel, qui sanctifie Israël, lorsque mon sanctuaire sera pour toujours au milieu d'eux. Ap.21:4,5,24-26.

Amos 9:14-15

Je ramènerai les captifs de mon peuple d'Israël; Ils rebâtiront, les villes dévastées et les habiteront, ils planteront des vignes et en boiront le vin, ils établiront des jardins et en mangeront les fruits.

Je les planterai dans leur pays, et ils ne seront plus arrachés du pays que je leur ai donné, dit L'Éternel ton Dieu.

Le sort des incrédules

Jé.5:25;21:14; Os.4:1-10; 2Th.:8,9.

Le feu de l'Éternel De. 9:22; Ja. 5:16.

Nombres 11:1-3

1. Le peuple murmura, et cela déplut aux oreilles de l'Éternel. Lorsque l'Éternel l'entendit, sa colère s'enflamma;

2. le feu de l'Éternel s'alluma parmi eux, et dévora l'extrémité du camp. De.9:22; Ps.78:21.

3. On donna à ce lieu le nom de Tabeéra, parce que le feu de l'Éternel s'était allumé parmi eux.

Nombres 16

1. Koré, fils de Jitsehar, fils de Kehath, fils de Lévi, se révolta avec Dathan et Abiram, fils d'Éliab, et On, fils de Péleth, tous trois fils de Ruben.

2. Ils se soulevèrent contre Moïse, avec deux cent cinquante hommes des enfants d'Israël, des principaux de

l'assemblée, de ceux que l'on convoquait à l'assemblée, et qui étaient des gens de renom.

3. Ils s'assemblèrent contre Moïse et Aaron, et leur dirent: C'en est assez! car toute l'assemblée, tous sont saints, et l'Éternel est au milieu d'eux. Pourquoi vous élevez-vous au-dessus de l'assemblée de l'Éternel.

4. Quand Moïse entendit cela, il tomba sur son visage.

5. Il parla à Koré et à toute sa troupe, en disant: Demain, l'Éternel fera connaître qui est à lui et qui est saint, et il le fera approcher de lui: il fera approcher de lui celui qu'il choisira.

6. Faites ceci. Prenez des brasiers, Koré et toute sa troupe.

7. Demain, mettez-y du feu, et posez-y du parfum devant l'Éternel; celui que l'Éternel choisira, c'est celui-là qui sera saint...

16. Moïse dit à Koré: Toi et toute ta troupe, trouvez-vous demain devant l'Éternel, toi et eux, avec Aaron.

17. Prenez chacun votre brasier, mettez-y du parfum, et présentez devant l'Éternel chacun votre brasier: il y aura deux cent cinquante brasiers; toi et Aaron, vous prendrez aussi chacun votre brasier.

18. Ils prirent chacun leur brasier, y mirent du feu et y posèrent du parfum, et ils se tinrent à l'entrée de la tente d'assignation, avec Moïse et Aaron.

19. Et Koré convoqua toute l'assemblée contre Moïse et

Aaron, à l'entrée de la tente d'assignation. Alors la gloire de l'Éternel apparut à toute l'assemblée.

20. Et l'Éternel parla à Moïse et à Aaron, et dit:

21. Séparez-vous du milieu de cette assemblée, et je le consumerai en un seul instant.

22. Ils tombèrent sur leur visage, et dirent: O Dieu, Dieu des ésprits de toute chair! un seul homme a péché, et tu t'irriterais contre toute l'assemblée?

23. L'Éternel parla à Moïse, et dit:

24. Parle à l'assemblée, et dis: Retirez-vous de toutes parts loin de la demeure de Koré, de Dathan et d'Abiram.

25. Moïse se leva, et alla vers Dathan et Abiram; et les anciens le suivirent.

26. Il parla à l'assemblée, et dit: Éloignez-vous des tentes de ces hommes méchants, et ne touchez à rien de ce qui leur appartient, de peur que vous périssiez en même temps qu'ils seront punis pour tous leurs péchés.

27. Ils se retirèrent de toutes parts, loin de la demeure de Koré, de Dathan et d'Abiram. Dathan et Abiram sortirent, et se tinrent à l'entrée de leurs tentes, avec leurs femmes, leurs fils et leurs petits-enfants.

28. Moïse dit: A ceci vous connaitrez que l'Éternel m'a envoyé pour faire toutes ces choses, et que je n'agis pas de moi-même.

29. Si ces hommes meurent comme tous les hommes

meurent, s'ils subissent le sort commun à tous les hommes, ce n'est pas l'Éternel qui m'a envoyé;

30. mais si l'Éternel fait une chose inouïe, si la terre ouvre sa bouche pour les engloutir avec tout ce qui leur appartient, et qu'ils descendent dans le séjour des morts, vous saurez alors que ces gens ont méprisé l'Éternel.

31. Comme il achevait de prononcer toutes ces paroles, la terre qui était sous eux se fendit.

32. La terre ouvrit sa bouche, et les engloutit, eux et leurs maisons, avec tous les gens de Koré et tous leurs biens.

33. Ils descendirent vivants dans le séjour des morts, eux et tout ce qui leur appartenait; la terre les recouvrit, et ils disparurent du milieu de l'assemblée....

40. C'est un souvenir pour les enfants d'Israël, afin qu'aucun étranger à la race d'Aaron ne s'approche pour offrir du parfum devant l'Éternel et ne soit comme Koré et comme sa troupe, selon ce que l'Éternel avait déclaré par Moïse.

41. Dès le lendemain toute l'assemblée des enfants d'Israël murmura contre Moïse et Aaron, en disant: Vous avez fait mourir le peuple de l'Éternel.

42. Comme l'assemblée se formait contre Moïse et Aaron, et comme ils tournaient les regards vers la tente d'assignation, voici, la nuée la couvrit, et la gloire de l'Éternel apparut.

43. Moïse et Aaron arrivèrent devant la tente d'assignation.

44. Et l'Éternel parla à Moïse, et dit:

45. Retirez-vous du milieu de cette assemblée, et je les consumerai en un instant. Ils tombèrent sur leur visage;

46. Et Moïse dit à Aaron: Prends le brasier, mets-y du feu de dessus l'autel, poses-y du parfum, va promptement vers l'assemblée, et fais pour eux l'éxpiation; car la colère de l'Éternel a éclaté, la plaie a commencé.

47. Aaron prit le brasier, comme Moïse avait dit, et courut au milieu de l'assemblée; et voici, la plaie avait commencé parmi le peuple. Il offrit le parfum, et il fit l'éxpiation pour le peuple.

48. Il se plaça entre les morts et les vivants, et la plaie fut arrêtée.

49. Il y eut quarante mille sept cents personnes qui moururent de cette plaie, outre ceux qui étaient morts à cause de Koré.

Ésaïe 66:22-24

22. Car, comme les nouveaux cieux et la nouvelle terre que je vais créer subsisteront devant moi, dit l'Éternel, ainsi subsisteront votre postérité et votre nom.

23. A chaque nouvelle lune et à chaque sabbat, toute chair viendra se prosterner devant moi, dit l'Éternel.

24. Et quand on sortira, on verra les cadavres des hommes qui se sont rebellés contre moi; car leur ver ne mourra point, et leur feu ne s'éteindra point; et ils seront pour toute chair un objet d'horreur!

Marc 9:42-48

42. Mais, si quelqu'un scandalisait un de ces petits qui croient, il vaudrait mieux pour lui qu'on lui mît au cou une grosse meule de moulin, et qu'on le jetât dans la mer. Mt.18:6; Luc1:72

43. Si ta main est pour toi une occasion de chute, coupe-la; mieux vaut pour toi entrer man'hot dans la vie De. 13:6; Mt. 5:30; 18:8

44. que d'avoir les deux mains et d'aller dans la géhenne, dans le feu qui ne s'éteint point.

45. Si ton pied est pour toi une occasion de chute, coupe-le; mieux vaut pour toi entrer boiteux dans la vie

46. que d'avoir les deux pieds et d'être jeté dans la géhenne, dans le feu qui ne s'éteint point.

47. Et si ton œil est pour toi une occasion de chute, arrache-le; mieux vaut pour toi entrer dans le royaume de Dieu, n'ayant qu'un œil, que d'avoir deux yeux et d'être jeté dans la géhenne,

48. où leur ver ne meurt point, et où le feu ne s'éteint point.

Enseignement de Jésus sur l'enfer.

Luc 16: 19-31

L'homme riche et le pauvre Lazare. Lazare mourut, et fut porté par les ange dans le sein d'Abraham. Le riche mourut aussi, et il fut enseveli, dans le séjour des morts... il dit car je souffre cruellement dans cette flamme...

Abraham lui dit il y a entre nous et vous un grand abîme...

2Th.1:8,9

Au milieu d'une flamme de feu pour punir ceux qui ne connaîssent pas Dieu et ceux qui n'obeissent pas à l'Évangile de notre Seigneur Jésus. Ils auront pour chatiment une ruine éternelle, loin de la face du Seigneur et de la gloire de sa force.

Ésaïe 65:11-15

11. Mais vous, qui abandonnez l'Éternel, qui oubliez ma montagne sainte, qui dressez une table pour Gad, et remplissez une coupe pour Meni,

12. je vous déstine au glaive, et vous fléchirez tous le genou pour être égorgés; car j'ai appelé, et vous n'avez pas répondu, j'ai parlé, et vous n'avez pas écouté; mais vous avez fait ce qui est mal à mes yeux, et vous avez choisi ce qui me déplaît.

13. C'est pourquoi ainsi parle le Seigneur, l'Éternel: Voici, mes serviteurs mangeront, et vous aurez faim; voici, mes serviteurs boiront, et vous aurez soif; voici, mes serviteurs se réjouiront, et vous serez confondus;

14. voici, mes serviteurs chanteront dans la joie de leur cœur, mais vous, vous crierez dans la douleur de votre âme, et vous vous lamenterez dans l'abattement de votre ésprit.

15. Vous laisserez votre nom en imprécation à mes élus; le Seigneur, l'Éternel vous fera mourir, et il donnera à ses serviteurs un nom.

Ésaïe 51:6

Levez les yeux vers le ciel, et regardez en bas sur la terre! Car les cieux s'évanouiront comme une fumée, la terre tombera en lambeaux comme un vêtement, et ses habitants périront comme des mouches, mais mon salut durera éternellement, et ma justice n'aura point de fin.

Ésaïe 34:1-5

1. Approchez, nations, pour entendre! Peuples, soyez attentifs! Que la terre écoute, elle et ce qui la remplit, le monde et tout ce qu'il produit!

2. Car la colère de l'Éternel va fondre sur toute les nations, et sa fureur sur toute leur armée. Il les voue à l'éxtermination, il les livre au carnage.

3. Leurs morts sont jetés, leurs cadavres éxhalent la puanteur, et les montagnes se fondent dans leur sang.

4. Toute l'armée des cieux se dissout; les cieux sont roulés comme un livre, et toute leur armée tombe, comme tombe la feuille de la vigne, comme tombe celle du figuier. Ap.6:13,14.

4. Mon épée s'est énivrée dans les cieux; voici, elle va descendre sur Édom, sur le peuple que j'ai voué à l'éxtermination, pour le châtier.

Ézéchiel 35:1-13

1. La parole de l'Éternel me fut adressée en ces mots:

2. Fils de l'homme, tourne ta face vers la montagne de Séir, et prophétise sur elle!

3. Tu lui diras: Ainsi parle le Seigneur, l'Éternel: Voici, j'en veux à toi, montagne de Séir! J'étends ma main sur toi, et je fais de toi une solitude et un désert.

4. Je mettrai tes villes en ruines, tu deviendras une solitude, et tu sauras que je suis l'Éternel.

5. Parce que tu avais une haine éternelle, parce que tu as précipité par le glaive les enfants d'Israël, au jour de leur détresse, au temps où l'iniquité était à son terme, És.25:15.

6. Je suis vivant! dit le Seigneur, l'Éternel, je te mettrai à sang, et le sang te poursuivra; puisque tu n'as pas haï le sang, le sang te poursuivra.

7. Je ferai de la montagne de Séir une solitude et un désert, et j'en éxterminerai les allants et les venants.

8. Je remplirai de morts ses montagnes; sur tes collines, dans tes vallées, dans tous tes ravins, tomberont ceux qui seront frappés par l'épée.

Je ferai de toi des solitudes éternelles, tes villes ne seront plus habitées, et vous saurez que je suis l'Éternel.

Parce que tu as dit: Les deux nations, les deux pays sont à moi, et nous en prendrons possession, quand même l'Éternel était là, Ps. 83:13.

Je suis vivant! dit le Seigneur, l'Éternel, j'agirai avec la colère et la fureur que tu as montrées, dans ta haine contre eux; et je me ferai connaître au milieu d'eux, quand je te jugerai.

Tu sauras que moi, l'Éternel, j'ai entendu tous les outrages que tu as proférés contre les montagnes d'Israël, en disant: Elles sont dévastées, elles nous ont livrées comme une proie.

Vous vous êtes élevés contre moi par vos discours, vous avez multiplié vos paroles contre moi: J'ai entendu.

Ézéchiel 39:1-22

1. Et toi, fils de l'homme, prophétise contre Gog! Tu diras: Ainsi parle le Seigneur, l'Éternel: Voici, j'en veux à toi, Gog, prince de Rosch, de Méschec et de Tubal!

2. Je t'entraînerai, je te conduirai, je te ferai monter des extrémités du septentrion, et je t'amènerai sur les montagnes d'Israël. Éz. 38:4.

3. J'abattrai ton arc de ta main gauche, et je ferai tomber tes flèches de ta main droite.

4. Tu tomberas sur les montagnes d'Israël, toi et toutes tes troupes, et les peuples qui seront avec toi; aux oiseaux de proie, à tout ce qui a des ailes, et aux bêtes des champs je te donnerai pour pâture. Éz. 33:27.

5. Tu tomberas sur la face de la terre, car j'ai parlé, dit le Seigneur, l'Éternel.

6. J'enverrai le feu dans Magog, et parmi ceux qui habitent en sécurité les îles; et ils sauront que je suis l'Éternel.

7. Je ferai connaître mon saint nom au milieu de mon peuple d'Isarël, et je ne laisserai plus profaner mon saint nom; et les nations sauront que je suis l'Éternel, le Saint d'Isarël.

8. Voici, ces choses viennent, elles arrivent, dit le Seigneur, l'Éternel; c'est le jour dont j'ai parlé.

9. Alors les habitants des villes d'Israël sortiront, ils brûleront et livreront aux flammes les armes, les petits et les grands boucliers, les arcs et les flèches, les piques et les lances; ils en feront du feu pendant sept ans.

10. Ils ne prendront point de bois dans les champs, et ils n'en couperont point dans les forêts, car c'est avec les armes qu'ils feront du feu. Ils dépouilleront ceux qui les ont dépouilés, ils pilleront ceux qui les ont pillés, dit le Seigneur, l'Éternel

11. En ce jour-là, je donnerai à Gog un lieu qui lui servira de sépulcre en Israël, la vallée des voyageurs, à l'orient de la mer; ce sépulcre fermera le passage aux voyageurs. C'est là qu'on enterrera Gog et toute sa multitude, et on appellera cette vallée la vallée de la multitude de Gog.

12. La maison d'Israël les enterrera, afin de purifier le pays; et cela durera sept mois.

13. Tout le peuple du pays les enterrera, et il en aura du renom, le jour où je serai glorifié, dit le Seigneur, l'Éternel.

14. Ils choisiront des hommes qui seront sans cesse à parcourir le pays, et qui enterreront, avec l'aide des voyageurs, les corps restés à la surface de la terre; ils purifieront le pays, et ils seront à la recherche pendant sept mois entiers.

15. Ils parcourront le pays; et quand l'un d'eux verra les

ossements d'un homme, il mettra près de là un signe, jusqu'à ce que les fossoyeurs l'enterrent dans la vallée de la multitude de Gog.

16. Il y aura aussi une ville appelée Hamona. C'est ainsi que l'on purifiera le pays.

17. Et toi, fils de l'homme, ainsi parle le Seigneur, l'Éternel: Dis aux oiseaux, à tout ce qui a des ailes, et à toutes les bêtes des champs: Rassemblez-vous de toutes parts, pour le sacrifice où j'immole pour vous des victimes, grand sacrifice sur les montagnes d'Israël! Vous mangerez de la chair, et vous boirez du sang.

18. Vous mangerez de la chair des héros, et vous boirez du sang des princes de la terre, béliers, agneaux, boucs, taureaux engraissés sur le Basan.

19. Vous mangerez de la graisse jusqu'à vous en rassasier, et vous boirez du sang jusqu'à vous en enivrer, à ce festin de victimes que j'immolerai pour vous.

20. Vous vous rassasierez à ma table de la chair des chevaux et des cavaliers, de la chair des héros et de tous les hommes de guerre, dit le Seigneur, l'Éternel.

22. Je manifesterai ma gloire parmi les nations; et toutes les nations verront les jugements que j'exercerai, et les châtiments dont ma main les frappera.

23. La maison d'Israël saura que je suis l'Éternel, son Dieu, dès ce jour et à l'avenir.

Joël 3:1-15, 19, 21

1. Car voici, en ces jours, en ce temps-là, quand je ramènerai les captifs de Juda et de Jérusalem,

2. je rassemblerai toutes les nations, et je les ferai descendre dans la vallée de Josaphat; là, j'entrerai en jugement avec elles, au sujet de mon peuple, d'Israël, mon héritage, qu'elles ont dispersé parmi les nations, et au sujet de mon pays qu'elles se partagent.

3. Ils ont tiré mon peuple au sort; ils ont donné le jeune garçon pour une prostituée, ils ont vendu la jeune fille pour du vin, et ils ont bu.

4. Que me voulez-vous, Tyr et Sidon, et vous tous, districts des Philistins? Voulez-vous tirer vengeance de moi? Si vous voulez vous venger, je ferai bien vite retomber votre vengeance sur vos têtes.

5. Vous avez pris mon argent et mon or; et ce que j'avais de plus précieux et de plus beau, vous l'avez emporté dans vos temples.

6. Vous avez vendu les enfants de Juda et de Jérusalem aux enfants de Javan, afin de les éloigner de leur territoire.

7. Voici, je les ferai revenir du lieu où vous les avez vendus, et je ferai retomber votre vengeance sur vos têtes.

8. Je vendrai vos fils et vos filles aux enfants de Juda, et ils les vendront aux Sabéens, nation lointaine; car l'Éternel a parlé.

9. Publiez ces choses parmi les nations! Préparez la guerre!

Réveillez les héros! Qu'ils s'approchent, qu'ils montent, tous les hommes de guerre!

10. De vos hoyaux forgez des épées, et de vos serpes des lances! Que le faible dise: Je suis fort!

11. Hâtez-vous et venez, vous toutes, nations d'alentour, et rassemblez-vous! Là, ô l'Éternel, fais descendre tes héros!

12. Que les nations se réveillent, et qu'elles montent vers la vallée de Josaphat! Car là je siégerai pour juger toutes les nations d'alentour.

13. Saisissez la faucille, car la moisson est mûre! Venez, foulez, car le pressoir est plein, les cuves regorgent! Car grande est leur méchanceté.

14. C'est la multitude, une multitude, dans la vallée du jugement; car le jour de l'Éternel est proche, dans la vallée du jugement.

15. Le soleil et la lune s'obscurcissent, et les étoiles retirent leur éclat.

19. L'Égypte sera dévastée, Édom sera réduit en désert, à cause des violences contre les enfants de Juda, dont ils ont répandu le sang innocent dans leur pays.

21. Je vengerai leur sang que je n'ai point encore vengé, et l'Éternel résidera dans Sion.

Zacharie 14:12,15-19

12. Voici la plaie dont l'Éternel frappera tous les peuples qui auront combattu contre Jérusalem: Leur chair tombera en pourriture tandis qu'ils seront sur leurs pieds, leurs yeux tomberont en pourriture dans leurs orbites, et leur langue tombera en pourriture dans leur bouche.

15. La plaie frappera de même les chevaux, les mulets, et les chameaux, les ânes, et toutes les bêtes qui seront dans les champs. Cette plaie sera semblable à l'autre.

16. Tous ceux qui resteront de toutes les nations venues contre Jérusalem monteront chaque année pour se prosterner devant le roi, l'Éternel des armées, et pour célébrer la fête des tabernacles. És.66:23

17. S'il y a des familles de la terre qui ne montent pas à Jérusalem pour se prosterner devant le roi, l'Éternel des armées, la pluie ne tombera pas sur elles.

18. Si la famille d'Égypte ne monte pas, si elle ne vient pas, la pluie ne tombera pas sur elle; elle sera frappée de la plaie dont l'Éternel frappera les nations qui ne monteront pas pour célébrer la fête des tabernacle

Jugement des nations par le Fils de l'homme

Matthieu 25:31,32,41-46; Ap.6:12-17

Mt.25:31,32,41-46

31. Jn 5:22-29; Ap.20:11-15; 2Th.1:6-10; Ga.6:7-10

32. Lorsque le Fils de l'homme viendra dans sa gloire, avec tous les anges, il s'assiéra sur le trône de sa gloire.

33. Toutes les nations seront assemblées devant lui; il séparera les uns d'avec les autres, comme le berger sépare les brebis d'avec les boucs, És.34:17,20; Mt.13:49 et il mettra les brebis à sa droite, et les boucs à sa gauche.

41. Ensuite il dira à ceux qui seront à sa gauche: Retirez-vous de moi, maudits; allez dans le feu éternel qui a été préparé pour le diable et pour ses anges. Ps.6:9; Mt.7:23; Lc.13:25,27; És.30:33; Ap.19:20

42. Car j'ai eu faim, et vous ne m'avez pas donné à manger; j'ai eu soif, et vous ne m'avez pas donné à boire;

43. j'étais étranger, et vous ne m'avez pas accueilli; j'étais nu, et vous ne m'avez pas vêtu; j'étais malade, et en prison, et vous ne m'avez pas visité.

44. Ils répondront: Seigneur, quand t'avons-nous vu ayant faim, ou ayant soif, ou étranger, ou nu, ou malade, ou en prison, et ne t'avons-nous pas assisté?

45. Et il leur répondra: Je vous le dis en vérité, toutes les fois que vous n'avez pas fait ces choses à l'un de ces plus petits, c'est à moi que vous ne les avez pas faites. Pr.14:31; 17:5; Za.2:8.

46. Et ceux-ci iront au châtiment éternel, mais les justes à la vie éternelle. Da.12:2; Jn.5:29

Jean 5:28,29

24. Ne vous étonnez pas de cela; car l'heure vient où tous ceux qui sont dans les sépulcres entendront ma voix, et en sortiront. 1Th.4:1

25. Ceux qui auront fait le bien ressusciteront pour la vie, mais ceux qui auront fait le mal ressusciteront pour le jugement. Da.12:2; Mt.25:34,46

Jean 3:36

Celui qui croit au Fils a la vie éternelle, celui qui ne croit pas au Fils ne verra point la vie, mais la colère de Dieu demeure sur lui.

Éphésiens 5:5

Car, sachez-le bien, aucun impudique, ou impur, ou cupide, c'est-à-dire, idolâtre, n'a d'héritage dans le royaume de Christ et de Dieu. 1 Co.6:10; Ga.5:19; Col.3:5; Ap.22:15

Galates 5:19-21

19. Or, les œuvres de la chair sont manifestes, ce sont l'impudicité, l'impureté, la dissolution,

20. l'idolâtrie, la magie, les inimitiés, les querelles, les jalousies, les animosités, les disputes, les divisions, les sectes,

21. l'envie, l'ivrognerie, les éxcès de table, et les choses semblables. Je vous dis d'avance, comme je l'ai déjà dit, que ceux qui commettent de telles choses n'hériteront point le royaume de Dieu. 1Co.6:10; Ga.5:19; Col. 3:5; Ap.22:15.

1 Corinthiens 6:10

Ne vous y trompez pas: ni les impudiques, ni les idolâtres, ni les adultères, ni les efféminés, ni les infâmes, ni les voleurs, ni les cupides, ni les ivrognes, ni les outrageux, ni les ravisseurs, n'hériteront le royaume de Dieu. Ga.5:19; Ép.5:5 etc.

2 Corinthiens 5:10

Car il nous faut tous comparaître devant le tribunal de Christ, afin que chacun reçoive selon le bien ou le mal qu'il aura fait, étant dans son corps.

2 Thessaloniciens 1:8, 9

8. au milieu d'une flamme de feu, pour punir ceux qui ne connaîssent pas Dieu et ceux qui n'obéissent pas à l'Évangile de notre Seigneur Jésus. 2 Pi.3:7; Ro.2:8

14. Ils auront pour châtiment la ruine éternelle, loin de la face du Seigneur et de la gloire de sa force.

Matthieu 7:19-23

19. Tout arbre qui ne porte pas de bons fruits est coupé et jeté au feu.

21. Ceux qui me disent: Seigneur, Seigneur! n'entreront pas tous dans le royaume des cieux, mais celui-là seul qui fait la volonté de mon Père qui est dans les cieux.

22. Plusieurs me diront en ce jour-là: Seigneur, n'avons-nous pas prophétisé par ton nom? N'avons-nous pas chassé des démons par ton nom? Et n'avons-nous pas fait beaucoup de miracles par ton nom? Jé. 14:14; 27:15; Lc. 13:26.

Alors je leur dirai ouvertement je ne vous ai jamais connus, retirez-vous de moi, vous qui commettiez l'iniquité. Ps.6:9; Mt.25:12,41; Lc.13:25-2

Ap.6:12-17

15. Les rois de la terre, les grands, les chefs militaires, les riches, les puissants, tous les ésclaves et les hommes libres se cacherent dans les cavernes et dans les rochers des montagnes.

38. Et ils disaient aux montagnes et aux rochers: tombez sur nous, et cachez-nous devant la face de celui qui est assis sur le trône, et devant la colère de l'agneau. És.2:19; Os.10:8; Lu.23:30; Ap.9:6

Apocalypse 11:13,14

13. A cette heure-là, il y eut un grand tremblement de terre, et la dixième partie de la ville tomba: sept mille hommes furent tués dans ce tremblement de terre, et les autres furent effrayés et donnèrent gloire au Dieu du ciel.

14. Le second malheur est passé. Voici, le troisième malheur vient bientôt... Ap. 8:13; 9:12; 15:1.

Apocalyse 17:14

Ils combattront contre l'Agneau, et l'Agneau les vaincra, parce qu'il est le Seigneur des seigneurs et le Roi des rois, et les appelés, les élus et les fidèles qui sont avec lui les vaincront aussi.

Apocalypse 19:15-21

15. De sa bouche sortait une épée aiguë pour frapper les nations; il les paîtra avec une verge de fer, et il foulera la cuve du vin de l'ardente colère du Tout-Puissant. Ap.2:16

16. Il avait sur son vêtement et sur sa cuisse un nom écrit: Roi des rois et Seigneur des seigneurs. 1Ti.6:15; Ap. 17:14.

17. Et je vis un ange qui se tenait dans le soleil. Et il cria d'une voix forte, disant à tous les oiseaux qui volaient par le milieu du ciel: Venez, rasssemblez-vous pour le grand festin de Dieu. Jé.12:9; És.39:17.

18 afin de manger la chair des rois, la chair des chefs militaires, la chair des puissants, la chair des chevaux et de ceux qui les montèrent, la chair de tous, libres et esclaves, petits et grands.

18. Et je vis la bête, et les rois de la terre, et leurs armées rassemblées pour faire la guerre à celui qui était assis sur le cheval et à son armée.

20. Et la bête fut prise, et avec elle le faux prophète, qui avait fait devant elle les prodiges par lesquels il avait séduit ceux qui avaient pris la marque de la bête et adoré son image. Ils furent tous les deux jetés dans l'étang ardent de feu et de soufre. De.13:1; Mt.24:24; Ap.13:12; 16:14; Ap.13:15,16; Da.7:11; Ap.20:10; Ap.14:10.

22. Et tous les autres furent tués par l'épée qui sortait de la bouche de celui qui était assis sur le cheval; et tous les oiseaux se rassasièrent de leur chair.

Apocalypse 20:5-15

5. Les autres morts ne revinrent point à la vie jusqu'à ce que les mille ans fussent accomplis. C'est la première résurrection.

7. Quand les mille ans seront accomplis, Satan sera relâché de sa prison.

8. Et il sortira pour séduire les nations qui sont aux quatre coins de la terre, Gog et Magog, afin de les rassembler pour la guerre; leur nombre est comme le sable de la mer, Éz.38:2; 39:1; Ap.16:14 et ils montèrent sur la surface de la terre, et ils investirent le camp des saints et la ville bien-aimée. Mais un feu descendit du ciel, et les dévora.

10. Et le diable, qui les séduisait, fut jeté dans l'étang de feu et de soufre, où sont la bête et le faux prophète. Et ils seront tourmentés jour et nuit, aux siècles des siècles. Da.7:11; Ap.19:20; Ap.14:10.

13. La mer rendit les morts qui étaient en elle, la mort et le séjour des morts rendirent les morts qui étaient en eux; et chacun fut jugé selon ses œuvres. Et la mort et le séjour des morts furent jetés dans l'étang de feu. C'est la seconde mort, l'étang de feu.

15. Quiconque ne fut pas trouvé écrit dans le livre de vie fut jeté dans l'étang de feu.

Apocalypse 21:8

Mais pour les lâches, les incrédules, les abominables, les meurtriers, les impudiques, les enchanteurs, les idolâtres, et tous les menteurs, leur part sera dans l'étang ardent de feu et de soufre, ce qui est la seconde mort . Ap. 22:15; 20:14,15.

Apocalypse 22:15

Dehors les chiens, les enchanteurs, les impudiques, les meurtriers, les idolâtres, et quiconque pratique le mensonge. 1 Co.6:10; Ép.5:5; Col.3:5,6

QUE FAIRE POUR ÊTRE SAUVÉ?

Joël 2:12,13

10. Maintenant encore, dit l'Éternel, revenez à moi de tout votre cœur, avec des jeûnes, avec des pleurs et des lamentations!

11. Déchirez vos cœurs et non vos vêtements, et revenez à l'Éternel, votre Dieu; Car il est compatissant et miséricordieux, lent à la colère et riche en bonté, et il se repent des maux qu'il envoie.

Actes 16:29-34

29. Alors le geôlier, ayant demandé de la lumière, entra précipitamment, et se jeta tout tremblant aux pieds de Paul et de Silas;

30. il les fit sortir, et dit: que faut-il que je fasse pour être sauvé? Lu.3:10; Ac.2:37

31. Paul et Silas répondirent: Crois au Seigneur Jésus, et tu seras sauvé, toi et ta famille. Jn.3:16; 6:47; 1Jn. 5:10.

32. Et ils lui annoncèrent la parole du Seigneur, ainsi qu'à tous ceux qui étaient dans sa maison.

33. Il les prit avec lui, à cette heure même de la nuit, il lava leurs plaies, et aussitôt il fut baptisé, lui et tous les siens.

34. Les ayant conduits dans son logement, il leur servit à manger, et il se réjouit avec toute sa famille de ce qu'il avait cru en Dieu. Lc.5:29; 19:6; Ac.22:25-29; Ph.1:1-11,27-30.

Actes 9:1-22

1. Cependant Saul, réspirant encore la menace et le meurtre contre les disciples du Seigneur, se rendit chez le souverain sacrificateur

2. et lui demanda des lettres pour les synagogues de Damas, afin que, s'il trouvait des partisans de la nouvelle doctrine, hommes et femmes, il les amenât liés à Jérusalem.

3. Comme il était en chemin, et qu'il approchait de Damas, tout à coup une lumière venant du ciel resplendit autour de lui. 22:6; 1 Co. 15:8; 2 Co. 12:2; Ac. 26:13.

4. Il tomba par terre, et il entendit une voix qui lui disait: Saul, Saul, pourquoi me persécutes-tu?

5. Il répondit: Qui es-tu, Seigneur? Et le Seigneur dit: Je suis Jésus que tu persécutes. Il te serait dur de regimber contre les aiguillons. Ac. 5:30.

6. Tremblant et saisi d'éffroi, il dit: Seigneur, que veux-tu que je fasse? Et le Seigneur lui dit: Lève-toi, entre dans

la ville, et on te dira ce que tu dois faire. Luc 3:10; Ac. 2:37; 16:30.

8. Les hommes qui l'accompagnaient demeurèrent stupéfaits; ils entendaient bien la voix, mais ils ne voyaient personne. Da.10:7

38. Pierre lui répondit: Repentez-vous, et que chacun de vous soit baptisé au nom de Jésus-Christ pour le pardon de vos péchés; et vous recevrez le don du Saint-Esprit.

39. Car la promesse est pour vous, pour vos enfants, et pour tous ceux qui sont au loin, en aussi grand nombre que le Seigneur notre Dieu les appellera. Joël 2:28; Ép.2:13

40. Et par plusieurs autres paroles, il les conjurait et les exhortait, disant: Sauvez-vous de cette génération perverse.

41. Ceux qui acceptèrent sa parole furent baptisés; et en ce jour-là, le nombre des disciples s'augmenta d'environ trois mille âmes.

42. Ils persévéraient dans l'enseignement des apôtres, dans la communion fraternelle, dans la fraction du pain, et dans les prières.

43. La crainte s'emparait de chacun, et il se faisait beaucoup de prodiges et de miracles par les apôtres. Mt. 16:17; Ac.5:12.

47. Louant Dieu, et trouvant grâce auprès de tout le peuple. Et le Seigneur ajoutait chaque jour à l'Église ceux qui étaient sauvés. Ac. 5:14;11:21.

<u>Luc 7:44-50</u>

44. Puis, se tournant vers la femme, il (Jésus) dit à Simon: Vois-tu cette femme? Je suis entré dans ta maison, et tu ne m'as point donné d'eau pour laver mes pieds; mais elle, elle les a mouillés de ses larmes, et les a essuyés avec ses cheveux.

45. Tu ne m'as point donné de baiser; mais elle, depuis que je suis entré, elle n'a point cessé de me baiser les pieds.

46. Tu n'as point versé d'huile sur ma tête; mais elle, elle a versé du parfum sur mes pieds. C'est pourquoi je te dis, ses nombreux péchés lui ont été pardonnés; car elle a beaucoup aimé. Mais celui à qui on pardonne peu aime peu; Et il dit à la femme: Tes péchés te sont pardonnés. Mt.9:2

49. Ceux qui étaient à table avec lui se mirent à dire en eux-mêmes: Qui est celui-ci, qui pardonne même les péchés? Mt.9:3

50. Mais Jésus dit à la femme: Ta foi t'a sauvée, va en paix.

<u>Matthieu 7:21-27</u>

21. Ceux qui me disent: Seigneur, Seigneur! n'entreront pas tous dans le royaume des cieux, mais celui-là seul qui fait la volonté de mon Père qui est dans les cieux. Mt.25:11; Lc. 6:46; 13:25; Ac.19:13; Ro.2:13; Ja.1:22. Plusieurs me diront en ce jour-là: Seigneur, Seigneur, n'avons-nous pas prophétisé par ton nom? n'avons-nous pas chassé des démons par ton nom? et n'avons-nous pas fait beaucoup de miracles par ton nom? Jé. 14:14; 27:15; Lc.13:26.

22 Alors je leur dirai ouvertement: Je ne vous ai jamais connus, retirez-vous de moi, vous qui commettiez l'iniquité. Ps.6:9; Mt.25:12,41; Lc.13:25-27.

24. C'est pourquoi, quiconque entend ces paroles que je dis et les met en pratique, sera semblable à un homme prudent qui a bâti sa maison sur le roc. Jé.17:8; Lc 6:47; Ro.2:13; Joël 1:25.

25. La pluie est tombée, les torrents sont venus, les vents ont soufflé et se sont jetés contre cette maison: elle n'est point tombée, parce qu'elle était fondée sur le roc.

26. Mais quiconque entend ces paroles que je dis, et ne les met pas en pratique, sera semblable à un homme insensé qui a bâti sa maison sur le sable. Éz.13:11; Ro.2:3; Ja.1:23.

27. La pluie est tombée, les torrents sont venus, les vents ont soufflé et ont battu cette maison: elle est tombée, et sa ruine a été grande.

Matthieu 11:28-30

28. Venez à moi, vous tous qui êtes fatigués et chargés, et je vous donnerai du repos.

29. Prenez mon joug sur vous et recevez mes instructions, car je suis doux et humble de cœur; et vous trouverez du repos pour vos âmes. Ps.45:5; Jé.6:16.

30. Car mon joug est doux, et mon fardeau léger. 1 Jn.5:3

Matthieu 9:2,9-13

2. Et voici, on lui amena un paralytique couché sur un lit. Jésus, voyant leur foi, dit au paralytique: Prends courage, mon enfant, tes péchés te sont pardonnés.

Mc. 2:3; Lc. 5:18; Ac.9:33

9. De là étant allé plus loin, Jésus vit un homme assis au lieu des péages, et qui s'appelait Matthieu. Il lui dit: Suis-moi. Cet homme se leva, et le suivit.

10. Comme Jésus était à table dans la maison, voici, beaucoup de publicains et de gens de mauvaise vie vinrent se mettre à table avec lui et avec ses disciples.

11. Les Pharisiens virent cela, et ils dirent à ses disciples: Pourquoi votre maître mange-t-il avec les publicains et les gens de mauvaise vie?

12. Ce que Jésus ayant entendu, il dit: Ce ne sont pas ceux qui se portent bien qui ont besoin de médecin, mais les malades.

13. Allez, et apprenez ce que signifie: Je prends plaisir à la miséricorde, et non aux sacrifices. Car je ne suis pas venu appeler des justes, mais des pécheurs. Mi.6:8; Mt.12: 7; Mc.2:17; Lc.5:32; 19:10; 1Ti.1:15.

Marc 16:15-16

15. Puis il leur dit: Allez partout le monde, et prêchez la bonne nouvelle à toute la création. Mt.28:19.

16. Celui qui croira et qui sera baptisé sera sauvé, mais celui qui ne croira pas sera condamné. Jn.3:18,36; 12:48.

Jean 3:16, 36

16. Car Dieu a tant aimé le monde qu'il a donné son Fils unique, afin que quiconque croit en lui ne périsse point, mais qu'il ait la vie éternelle. Ro.5:8; 8:31; 1Jn.5:10; Lc.19:10; Jn. 3:36; 1 Jn. 4:9.

36. Celui qui croit au Fils a la vie éternelle; celui qui ne croit pas au Fils ne verra point la vie, mais la colère de Dieu demeure sur lui.

Jean 6:37-58

37. Tout ce que le Père me donne viendra à moi, et je ne mettrai point dehors celui qui vient à moi;

38. car je suis déscendu du ciel pour faire non ma volonté, mais la volonté de celui qui m'a envoyé.

39. Or la volonté de celui qui m'a envoyé, c'est que je ne perde rien de tout ce qu'il m'a donné, mais que je le ressuscite au dernier jour. Jn.10:28; 17:12; 13:9

40. La volonté de mon Père, c'est que quiconque voit le Fils et croit en lui ait la vie éternelle, et je le ressusciterai au dernier jour.

47. En vérité, en vérité, je vous le dis, celui qui croit en moi a la vie éternelle. Jn.3:16,36.

48. Je suis le pain de vie.

50. C'est ici le pain qui descend du ciel, afin que celui qui

me mange ne meure point. Je suis le pain vivant qui est descendu du ciel. Si quelqu'un mange de ce pain, il vivra éternellement; et le pain que je donnerai, c'est ma chair, que je donnerai pour la vie du monde. Jn.11:26; Hé.10:5,10.

53. Jésus leur dit: En vérité, en vérité, je vous le dis, si vous ne mangez la chair du Fils de l'homme, et si vous ne buvez son sang, vous n'avez point la vie en vous-mêmes.

54. Celui qui mange ma chair et qui boit mon sang a la vie éternelle; et je le ressusciterai au dernier jour.

55. Car ma chair est vraiment une nourriture, et mon sang est vraiment un breuvage.

56. Celui qui mange ma chair et qui boit mon sang demeure en moi, et je demeure en lui.

57. Comme le Père qui est vivant m'a envoyé, et que je vis par le Père, ainsi celui qui me mange vivra par moi. C'est ici le pain qui est descendu du ciel. Il n'en est pas comme vos pères qui ont mange la manne et qui sont morts; celui qui mange ce pain vivra éternellement.

Romains 5:8-21

8. Mais Dieu prouve son amour envers nous, en ce que lorsque nous étions encore des pécheurs, Christ est mort pour nous. Hé.9:15; 1 Pi.3:18.

9. à plus forte raison donc, maintenant que nous sommes justifiés par son sang, serons-nous sauvés par lui de la colère.

10. Car si, lorsque nous étions ennemis, nous avons été réconciliés par la mort de son Fils, à plus forte raison, étant réconciliés, serons-nous sauvés par sa vie.

11. Et non seulement cela, mais encore nous nous glorifions en Dieu par notre Seigneur Jésus-Christ, par qui maintenant nous avons obtenu la réconciliation.

12. C'est pourquoi, comme par un seul homme le péché est entré dans le monde, et par le péché la mort, et qu'ainsi la mort s'est étendue sur tous les hommes, parce que tous ont péché, Ge.3:16; 1 Co.15:21; Ge. 2:17; Ro. 6:23.

17. Si par l'offense d'un seul la mort a régné par lui, à plus forte raison ceux qui reçoivent l'abondance de la grâce et du don de la justice régneront-ils dans la vie par Jésus-Christ lui seul.

18. Ainsi donc, comme par une seule offense la condamnation a atteint tous les hommes, de même par un seul acte de justice la justification qui donne la vie s'étend à tous les hommes.

19. Car, comme par la désobéissance d'un seul homme beaucoup ont été rendus pécheurs, de même par l'obéissance d'un seul beaucoup seront rendus justes,

21. afin que, comme le péché a régné par la mort, ainsi la grâce régnât par la justice pour la vie éternelle, par Jésus-Christ notre Seigneur.

Romains 6:6,14,22,23

6. Sachant que notre vieil homme a été crucifié avec lui, afin que le corps du péché fût détruit, pour que nous ne

soyons plus ésclaves du péché. Ga.2:20; 5:24; Ph.3:10; 1Pi. 4:1,2

14. Car le péché n'aura point de pouvoir sur vous, puisque vous êtes, non sous la loi, mais sous la grâce.

22. Mais maintenant, étant affranchis du péché et devenus esclaves de Dieu, vous avez pour fruit la sainteté et pour fin la vie éternelle.

22. Car le salaire du péché, c'est la mort; mais le don gratuit de Dieu, c'est la vie éternelle en Jésus-Christ notre Seigneur. Ge.2:17; Ro.5:12; 1Co.15:21; Ja.1:15; 1Pi. 1:3.

Romains 10:9-13

9. Si tu confesses de ta bouche le Seigneur Jésus, et si tu crois dans ton cœur que Dieu l'a ressuscité des morts, tu seras sauvé.

10. Car c'est en croyant du cœur qu'on parvient à la justice, et c'est en confessant de la bouche qu'on parvient au salut, selon ce que dit l'Écriture:

11. Quiconque croit en lui ne sera point confus. És.28:16; Ro.9:33.

12. Il n'y a aucune différence, en effet, entre le Juif et le Grec, puisqu'ils ont tous un même Seigneur, qui est riche pour tous ceux qui l'invoquent. Ac.15:9; Ro.3:22.

13. Car quiconque invoquera le nom du Seigneur sera sauvé. Joël 2:32; Ac.2:2.

Éphésiens 2:8,9

8. Car c'est par la grâce que vous êtes sauvés, par le moyen de la foi. Et cela ne vient pas de vous, c'est le don de Dieu. Mt.16:17; Ép.1:19

9. Ce n'est point par les œuvres, afin que personne ne se glorifie. Ro 3:27; 1 Co.1:29.

1 Jean 4:1-21

1. Bien-aimés, n'ajoutez pas foi à tout ésprit; mais éprouvez les ésprits, pour savoir s'ils sont de Dieu, car plusieurs faux prophètes sont venus dans le monde.

    Jé.29:8; Ép.5:6; Col.2:18; Mt.24:5,24; 2 Pi. 2:1; 2 Jn 7.

2. Reconnaîssez à ceci l'Ésprit de Dieu: Tout ésprit qui confesse Jésus-Christ venu en chair est de Dieu,

3. et tout ésprit qui ne confesse pas Jésus n'est pas de Dieu, c'est celui de l'antéchrist, dont vous avez appris la venue, et qui maintenant est dans le monde. 1 Jn.2:18,22; 2 Th 2:7.

6. Bien-aimés, aimons-nous les uns les autres; car l'amour est de Dieu, et quiconque aime est né de Dieu et connaît Dieu.

8. Celui qui n'aime pas n'a pas connu Dieu, car Dieu est amour.

11. Bien-aimés, si Dieu nous a ainsi aimés, nous devons aussi nous aimer les uns les autres.

12. Personne n'a jamais vu Dieu; si nous nous aimons les

uns les autres, Dieu demeure en nous, et son amour est parfait en nous. Ex.33:20; De. 4:12; Jn. 1:18; 1 Ti. 1:17; 6:16; 1 Jn. 3:24.

Nous connîssons que nous demeurons en lui, et qu'il demeure en nous, en ce qu'il nous a donné d' son Ésprit...

20. Si quelqu'un dit: J'aime Dieu, et qu'il haïsse son frère, c'est un menteur; car celui qui n'aime pas son frère qu'il voit, comment peut-il aimer Dieu qu'il ne voit pas?

1 Jean 5:10-13

9. Celui qui croit au Fils de Dieu a ce témoignage en lui-même; celui qui ne croit pas Dieu le fait menteur, puisqu'il ne croit pas au témoignage que Dieu a rendu à son Fils. Jn. 3:36; Ro. 8:16; Ga. 4:6.

11. Et voici ce témoignage, c'est que Dieu nous a donné la vie éternelle, et que cette vie est dans son Fils.

12. Celui qui a le Fils a la vie; celui qui n'a pas le Fils n'a pas la vie.1 Jn.1:9,10

1 Jean 2:1,2,22

Si quelqu'un a péché, nous avons un avocat au près du père, Jésus-Christ le juste.

Il est lui-même un victime expiatoire, pour nos péchés, non seulement pour les nôtres, mais aussi pour ceux du monde entier.

Qui est menteur, sinon celui qui nie que Jésus est le Christ? Celui-là est l'antéchrist, qui nie le Père et le Fils. Quiconque nie le Fils n'a pas non plus le Père; quiconque confesse le Fils a aussi le Père. Lc.12:9; 2 Ti.2:1

Galates 3:13,23-29

13. Christ nous a rachetés de la malédiction de la loi, étant devenu malédiction nous…

23. Avant que la foi vînt, nous étions enfermés sous la garde de la loi, en vue de la foi qui devait être révélée.

24. Ainsi la loi a été comme un pédagogue pour nous conduire à Christ, afin que nous fussions justifiés par la foi. Mt.5:17; Ac.13:38; Ro.10:4.

25. La foi étant venue, nous ne sommes plus sous ce pédagogue.

26. Car vous êtes tous fils de Dieu par la foi en Jésus-Christ. És.56:5; Jn.1:12; Ro.8:15; Ga.4:5.

24. Vous tous, qui avez été baptisés en Christ, vous avez revêtu Christ. Ro.6:3.

28. Il n'y a plus ni Juif ni Grec, il n'y a plus ni ésclave ni libre, il n'y a plus ni homme ni femme: car tous vous êtes un en Jésus-Christ. Jn.17:21.

29. Et si vous êtes en Christ, vous êtes donc la postérité d'Abraham, et héritiers selon la promesse. Ge.21:3,21; Ro.9:7; Hé.11:18.

Galates 4:4-7

4. Mais, lorsque les temps ont été accomplis, Dieu a envoyé son Fils, né d'une femme, né sous la loi,

5. afin qu'il rachetât ceux qui étaient sous la loi, afin que nous reçussions l'adoption.

6. Et parce que vous êtes fils, Dieu a envoyé dans nos cœurs l'Ésprit de son Fils, lequel crie: Abba Père!

7. Ainsi tu n'es plus ésclave, mais fils, et si tu es fils, tu es aussi héritier par la grâce de Dieu.

2 Jean 5-11

5. Et maintenant, ce que je te demande, Kyria, non comme te préscrivant un commandement nouveau, mais celui que nous avons eu dès le commencement, c'est que nous nous aimions les uns les autres. 1 Jn. 2:7; Jn. 13:34; Jn. 15:12; Ép. 5:2; 1 Th. 4:9; 1 Pi. 4:8; 1 Jn. 3:23; 4:21. Et l'amour consiste à marcher selon ses commandements. C'est là le commandement dans lequel vous devez marcher, comme vous l'avez appris dès le commencement . Jn. 15:10. Car plusieurs séducteurs sont entrés dans le monde, qui ne confessent point que Jésus-Christ est venu en chair. Celui qui est tel, c'est le séducteur et l'antéchrist. Mt. 24; 2Pi.2:1; Jn. 4:1

Prenez garde à vous-mêmes, afin que vous ne perdiez le fruit de votre travail, mais que vous receviez une pleine récompense.

Quiconque va plus loin et ne demeure pas dans la doctrine de Christ n'a point Dieu; celui qui demeure dans cette doctrine a le Père et le Fils.

Si quelqu'un vient à vous et n'apporte pas cette doctrine, ne le recevez pas dans votre maison, et ne lui dites pas: Salut! Ro.16:17; 2 Ti. 3:5; Ti.3:10.

Car celui qui lui dit: Salut! participe

2 Pierre 3:18

Mais croissez dans la grâce et dans la connaissance de notre Seigneur et Sauveur Jésus-Christ. A lui soit la gloire, maintenant et pour l'éternité! Amen.

Apocalypse 3

Celui qui vaincra sera revêtu ainsi de vêtements blancs; je n'effacerai point son nom du livre de vie, et je confesserai son nom devant mon Père et devant ses anges.

Apocalypse 21:7

Celui qui vaincra héritera ces choses: Je serai son Dieu, et il sera mon fils. Za. 8:8; Hé. 8:10

MARIE, LA MÈRE DE JÉSUS ET LES ENFANTS DE MARIE ET DE JOSEPH

Ce chapitre donne quelques versets pour montrer aux gens qui prient Dieu par Sainte Marie, qu'après la naissance de jésus, Marie avait d'autres enfants venant du mariage de Joseph.

On trouvera aussi des informations concernant les autres saints.

Dieu a utilisé Marie étant une jeune fille vièrge pour donner naissance à Jésus en chair, mais Dieu a ordonné à Joseph de l'épouser, ainsi elle avait des enfants avec Joseph, vous trouverez leurs noms plus loin.

Marie avait de la foi en Jésus étant le Fils de Dieu depuis avant sa naissance, c'est à cause de sa foi, que Jésus a fait son premier miracle comme éxemple pour tous autres, car on ne croyait pas encore en lui comme Fisl de Dieu.

Ce dernier est le seul opmnipotent et omniscient, mais non Marie, c'est pourquoi elle ne peut entendre la prière de tout l'univers. Il en est de même pour les autres saints;

Personne ne peut déclarer une personne comme saint, car Jésus est le seul juge, c'est au dernier jour seulement qu'on saura qui est saint après le jugement Ap. 20:4,5,11-15; car l'homme juge sur l'apparence, mais Dieu garde au coeur. En outre, Dieu dit: mes pensées ne sont pas vos pensées, et mes voies ne sont pas vos voies.

Autant les cieux sont élevées au-dessus de la terre, autant mes voies sont élevées au-dessus de vos voies, et mes pensées de vos pensées.

L'Éternel a défendu à son peuple de fabriquer des idoles, et de se prosterner devant ells, c'est une abomination devant Dieu D'après De.5:7-10; Ésaie 44:9-20 ect.

Éxode 20: 4-6 car l'Éternel punis l'inquité des pères sur les enfants jusqu'à troisième et quatrième génération de ceux qui le haïssent, et qui fait miséricorde jusqu'en mille générations à ceux qui l'aiment et qui gardent ses commandements.

Jésus a donné l'autorisation à ceux qui croient en lui, de demander à son Père tout ce qu'on veut en son nom, c'est ainsi que ses serviteurs ont fait tous les miracles.

Concernant la naissance de Jésus

Matthieu 1:18-25

19. Voici de quelle manière arriva la naissance de Jésus-Christ. Marie, sa mère, ayant été fiancée à Joseph, se trouva enceinte par la vertu du Saint-Esprit, avant qu'ils eussent habité ensemble. Lc.1:27,34.

19. Joseph, son époux, qui était un homme de bien et qui ne voulait pas la diffamer, se proposa de rompre secrètement avec elle.

20. Comme il y pensait, voici, un ange du Seigneur lui apparut en songe, et dit: Joseph, fils de David, ne crains pas de prendre avec toi Marie, ta femme, car l'enfant qu'elle a conçu vient du Saint-Ésprit;

21. elle enfantera un fils, et tu lui donneras le nom de Jésus; c'est lui qui sauvera son peuple de ses péchés. Lc. 1:31; Ac.4:12.

22. Tout cela arriva afin que s'accomplît ce que le Seigneur avait annoncé par le prophète:

23. Voici, la vierge sera enceinte, elle enfantera un fils, et on lui donnera le nom d'Emmanuel, ce qui signifie Dieu avec nous. És.7:14.

24. Joseph s'étant réveillé, fit ce que l'ange du Seigneur lui avait ordonné, et il prit sa femme avec lui.

26. Mais il ne la connut point jusqu'à ce qu'elle eût enfanté un fils, auquel il donna le nom de Jésus. Lc. 2:21.

La mère et les frères de Jésus

Matthieu 12:46, 47

v. 46-50; Mc 3:31-35; Lc 8:19-21.

46. Comme Jésus s'adressait encore à la foule, voici, sa mère et ses frères, qui étaient dehors, cherchèrent à lui parler. Mc.3:31; Lc.8:20.

48. Quelqu'un lui dit: Voici, ta mère et tes frères sont dehors, et ils cherchent à te parler.

Luc 8:19, 20

19. La mère et les frères de Jésus vinrent le trouver; mais ils ne purent l'aborder, à cause de la foule. Mt.12:46; 13:55; Mc. :31.

On lui dit: Ta mère et tes frères sont dehors,

et ils désirent te voir.

Matthieu 13: 53-56

53. Lorsque Jésus eut achevé ces paraboles, il partit de là.

54. S'étant rendu dans sa patrie, il enseignait dans la synagogue, de sorte que ceux qui l'entendirent étaient étonnés et disaient: D'où lui viennent cette sagesse et ces miracles?

55. N'est-ce pas le fils du charpentier? n'est-ce pas Marie qui est sa mère? Jacques, Joseph, Simon et Jude, ne sont-ils pas ses frères? Jn.6:42.

56. et ses sœurs ne sont-elles pas toutes parmi nous? D'où lui viennent toutes ces choses?

57. Et il était pour eux une occasion de chute. Mais Jésus leur dit: Un prophète n'est méprisé que dans sa patrie et dans sa maison. Mc.6:4; Lc.4:24; Jn.4:44.

LES SABBATS POUR LE PEUPLE D'ISRAËL

Dès la création, Dieu a donné à l'homme l'ordre qu'il devait suivre; mais Satan l'a utilisée pour tromper Adam et Eve, dès lors, l'homme est devenu l'ennemi de Dieu, et il est condamné à la mort spirituelle et physique.

Ensuite Dieu a donné la loi à Moïse, afin de raprocher l'homme à lui, ce qui est une 2ème chance pour conduire à la grâce. La peau que Dieu avait utilisée pour couvrir la nudité de l'homme était une representation de Christ. Cela prouve que l'homme a besoin d'un sauveur, Dès lors, Dieu avait fait le plan du salut.

Au temps marqué, Dieu a fait cesser les sacrifices, ansi la loi faisait place à la grâce.

Jésus est un souverain sacrificateur supérieur à ceux de l'ancienne alliance. Il est le garant d'une alliance plus éxcellente. Il est venu une seule fois pour abolir le péché avec son propre sang, ayant obtenu une rédemption éternelle. Il a fait une fois pour toute en s'offrant lui-même, son sacrifice est unique et parfait car il est entré dans le ciel même afin de comparaitre pour nous devant la face de Dieu. C'est pour cela qu'il peut sauver parfaitement ceux qui s'approchent de Dieu par lui, étant toujours vivant pour intercéder en leur faveur.

Christ est le médiateur d'une alliance plus excellente qui a été établie sur de meilleure promesse. Ge.12:3; Ge 22:18, Ge. 28'14;'Gal.3:7-9,14,16; He. 8:10-12. Jn.3:16

Galate 3:7-9,14,16

Reconnaissez donc que ce sont ceux qui ont la foi qui sont fils d'Abraham.

Aussi l'Écriture, prévoyant que Dieu justifierait les païens par la foi, a d'avance annoncé cette bonne nouvelle à Abraham: Toutes les familles de la terre seront bénis en toi!..

De sorte que ceux qui croient sont bénis avec Abram.

Ainsi'donc frères, puisque nous avons, au moyen du sang de Jésus une libre entrée dans le sanctuaire et puisque nous avons un souverain sacrificateur établi sur la maison de Dieu, approchons avec un cœur sincère dans la plénitude de la foi.

Raison pour le peuple d'Israël d'observer les sabbats

Ésaie 56:4-8; Éxode 31:12-17; Jérémie 17:19-27; Lé. 20:23-26; Detéronome 7:6; Nom.15:32-36

Deutéronome 5:15

Tu te souviendras que tu as été esclave au pays d'Égypte, et que l'Éternel, ton Dieu, t'en a fait sortir à main forte et à bras étendu: c'est pourquoi l'Éternel, ton Dieu, t'a ordonné d'observer le jour du repos.

Les sabbats, signe entre l'Éternel et Israël

Éxode 31:12-18

L'Éternel parle à Moise, et dit: Parle aux enfants d'Israël, et dis leur: vous ne manquerez pas d'observer mes sabbats, car ce sera entre moi et vous, et parmi vos déscendants, un signe auquel on connaitra que je suis l'Éternel qui vous sanctifie. Det.7:6.

vous observerez le sabbat, car il sera pour vous une chose sainte. Celui qui le profane sera puni de mort; celui qui fera quelque ouvrage ce jour-là, sera retranchée du milieu de son peuple...

Les enfants d'Israël observeront le sabbat, en le célébrant, eux et leurs descendants, comme une alliance perpétuelle. ce sera entre moi et les enfants d'Israël un signe qui devra durer à perpéruité.

Lévitique 20:26

Vous serez saints pour moi, car je suis saint, moi, l'Éternel je vous ai séparés des peuples, afin que vous soyez à moi.

Nombres15:32-36

Les enfants d'Israël trouverent un homme qui ramassait du bois dans le désert...

l'Éternel dit à Moïse: Cet homme sera puni de mort, toute l'assemblée le lapidera hors du camp. Toute l'assemblée le fit sortir du camp et le lapida.

Méssage au sujet du sabbat pour Israël

Jérémie 17:19-27

Ainssi m'a parlé l'Éternel: va, et tiens-toi à la porte des enfants du peuple, par laquelle entrent et sortent les rois de Juda, et à toutes les portes de Jérusalem. Tu leur diras:

Écoutez la parole de l'Éternel, roi de Juda, et tout Juda, et vous tous, habitants de Jérusalem, qui entrez par ces portes! ainsi parle l'Éternel prenez garde à vos âmes. Ne portez point de fardeau le jour du sabbat, et n'introduisez point par les portes de Jérusalem. Ne sortez de vos maisons aucun fardeau le jour du sabbat, et ne faites aucun ouvrage; mais sanctifiez le jour du sabbat, comme je l'ai demandé à vos pères. Ils n'ont pas écoutés, ils n'ont pas prété l'oreille; ils ont raidi leur cou, pour ne point écouter et ne point recevoir instruction...

Mais si vous n'écoutez pas quand je vous ordonne de sanctifier le jour du sabbat, de ne porter aucun fardeau, de ne point introduire par les portes de Jérusalem le jour du sabbat, alors j'allumerai un feu aux portes de la ville, et il dévorera les palais de Jérusalem et ne s'éteindra point.

INFORMATIONS À LA NOUVELLE GÉNÉRATION

Dans ce chapitre on trouvera des informations pour les jeunes sur des quéstions qui leur causent la confusion.

D'où vient la race noire?

Dieu créa Adam avec de la terre. Ainsi il devrait avoir la couleur de la boue d'une terre fertile, qui doit être noire ou brune, et il travaillait et vivait dans le jardin au soleil.

Ge.2:7,8,15

Ge.2:18,21-23

Dieu créa Eve d'une côte d'Adam, elle devrait avoir une différente couleur qu'Adam elle devrait être jaune ou blanche, la couleur de la chair et l'os. Ainsi leur postérité devrait être des mulâtres et des mulâtresses.

Le peuple Juif, qui est spécial pour Dieu n'est pas blanc. De même, Dieu créa les animaux de différentes couleurs, les oiseaux, les poissons, les fleurs de toutes les couleurs.

Prenez un temps pour contempler une fleur, ou un papillion ou un paon avec ses ailes ouvertes par éxemple, on peut voir comment Dieu étant l'architecte de l'univers, a pris plaisir de tout faire pour la beauté de la nature, et pour sa gloire. Pour cela nous devons réspécter la volonté du Tout-Puissant, le Roi des rois, le Seigneur des seigneurs;

Rendons à Dieu, le créateur pour ses mervèlles pendant que nous jouissons de ses biens-faits.

Genèse 2:7,8

8. L'Éternel Dieu forma l'homme de la poussière de la terre il souffla dans ses narines un souffle de vie et l'homme devint un être vivant.

9. Puis l'Éternel planta un jardin en Eden, du côté de l'orient, et il y'mit l'homme qu'il avait formé.

Cantique 1:5

Je suis noire, mais je suis belle, filles de Jérusalem... (La Sulamithe)

Cantique 6:5

Détourne de moi tes yeux, car ils me troublent. Tes cheveux sont comme un troupeau de chèvres...

Genèse 1:28

Dieu les bénit, et Dieu leur dit: Soyez féconds, multipliez, remplissez la terre, assujetissez la, et dominez sur les poissons de la mer, sur les oiseaux du ciel, et sur tout animal qui se meut sur la terre.

Ce verset nous fait savoir, que c'est bien Dieu qui permet à l'homme de développer la science dès la création du monde.

Assujettir: *Placer sous une domination absolue, fixer une chose de manière à ce qu'elle soit stable ou immobile.*

Lorsque Daniel parlait des oiseaux aux ailes de fer, il ne savait pas qu'ils étaient des avions, mais maintenant on peut le comprendre.

La bête est un roi ou un président. Ap.17:9-14; Da.8:20-22

Ap.13. l'image de la bête animée et parle, il sagit du président à la télévision.

Ap11:3-11: Les deux témoins quand ils auront achevé leur témoignage, la bête qui monte de l'abîme leur fera la guerre, les vaincra, et les tuera, leurs cadavres seront sur la place de la grande ville qui est appelée dans un sens spirituel, Sodome et Égypte, là même où leur Seigneur a été crucifié, des hommes d'entre les peuples, les tribus, les langues, et les nations, verront leurs cadavres pendant trois jours et demi, et ils ne permettront pas que leurs cadavres soient mis dans un sépulcre. Ils reviendront à la vie et ils monteront vers Dieu; il sagit de la télévision et internet etc.

Information pour les jeunes qui disent que les hommes dans l'Ancien Téstament n'avaient pas d'instrument, ou équipement, et de rasoir pour couper leurs cheveux.

Concernant les cheveux longs.

L'ange de l'Éternel avait ordonné à la mère de Samson de ne jamais passer de rasoir sur sa tête, car il était consacré à Dieu toute sa vie.

Juges 13:3-7,13,24

L'ange de l'Éternel « Jésus » apparut à la femme, et lui dit: Voici, tu es stérile, et tu n'as point d'enfant; tu deviendras enceinte, et tu enfanteras un fils. Le rasoir ne passera point sur sa tête, ne bois ni vin ni liqueur forte, et ne mange rien d'impur, parce que cet enfant sera consacré à Dieu dès le ventre de sa mère jusqu'au jour de sa mort...

Et ce sera lui qui commencera à délivrer Israël de la main des Philistins. La femme enfanta un fils et lui donna le nom de Samson. L'enfant grandit, et l'Éternel le bénit…

Les eunuques aussi étaient des gens consacrés à Dieu; ils devaient couper leurs cheveux, car il ne leur était pas Permis de porter les cheveux longs. dit l'Éternel. Car c'est une abomination devant Dieu. Éz.44:20.

Descendants de Caïn

Genèse 4,21,22

Jubal fut le père de tous ceux qui jouent de la harpe, et du chalumeau. Tsilla, de son côté, enfanta Tubal-Caïn, qui forgeait tous les instruments d'airain et de fer. Éz.28:13

La tour de Babel

Genèse 11: 1-8

1. Toute la terre avait une seule langue et les mêmes mots.

3. Ils se dirent l'un à l'autre: Allons! faisons des briques, et cuisons-les au feu. Et la brique leur servit de pierre, et le bitume leur servit de ciment.

4. Ils dirent encore: Allons! bâtissons-nous une ville et une tour dont le sommet touche au ciel, et faisons-nous un nom, afin que nous ne soyons pas dispersés sur toute la face de la terre.

5. L'Éternel descendit pour voir la ville et la tour que bâtissaient les fils des hommes.

6. Et l'Éternel dit: Voici, ils forment un seul peuple et ont tous une même langue, et c'est là ce qu'ils ont entrepris; maintenant rien ne les empêcherait de faire tout ce qu'ils auraient projeté.

7. Allons! descendons, et là, confondons leur langage.

8. Et l'Éternel les dispersa loin de là sur la face de la terre; et ils cessèrent de bâtir la ville.

Deutéronome 32:42

Mon épée dévorera leur chair, et j'enivrerai mes flèches du sang...

Ils avaient des épées, des flèches, des javelots, des lances et des chars de guerre en fer, etc...

Guerre avec les Philistins

1 Samuel 17:38

Saül fit mettre ses vêtements à David, il plaça sur sa tête un casque d'airain, et le revêtit d'une cuirasse.

1 Samuel 13:19,20

20. On ne trouvait point de forgeron dans tout le pays d'Israël, car les Philistins avaient dit: Empêchons les Hébreux de fabriquer des épées ou des lances. Jg.5:8.et chaque homme en Israël descendait chez les Philistins pour aiguiser son hoyau, sa hache et sa bêche,

21. quand le tranchant des bêches, des hoyaux, des tridents

et des haches, était émoussé, et pour redresser les aiguillons.

2 Samuel 1:10

Je m'approchai de lui, et je lui donnai la mort, sachant bien qu'il ne survivrait pas à sa défaite. J'ai enlevé le diadème qui était sur sa tête et le bracelet qu'il avait au bras…

2 Samuel 8:7,8,11

7. Et David prit les boucliers d'or qu'avaient les serviteurs d'Hadadézer et les apporta à Jérusalem.

8. Le roi David prit encore une grande quantité d'airain à Béthach…

11. Le roi David les consacra à l'Éternel, comme il avait déjà consacré l'argent et l'or pris sur toutes les nations qu'il avait vaincues.

Ézéchiel 28:13

Ainsi parle l'Éternel au chérubin protecteur « Satan »: Tu étais en Eden, le jardin de Dieu; tu étais couvert de toute espece de pierres précieuses, de sardoine, de topaze, de diamante, de chrysolithe, d'onyx, de jaspe, de saphir, d'écaboucle, d'émeraude, et d'or.

Tes tambourins et tes flutes étaient à ton service prepares pour le jour oû tu fus créé.

Ézéchiel 44:17-21

17. Lorsqu'ils franchiront les portes du parvis intérieur, ils revêtiront des habits de lin; ils n'auront sur eux rien qui

soit en laine, quand ils feront le service aux portes du parvis intérieur et dans la maison.

18. Ils auront des tiares de lin sur la tête, et des caleçons de lin sur leurs reins; ils ne se ceindront point de manière à exciter la sueur.

19. Lorsqu'ils sortiront pour aller dans le parvis éxtérieur vers le peuple; ils oteront les vètements avec lesquels ils font le service, et les déposeront dans la chambre du sanctuaire; ils en mettront d'autres, afin de ne pas sanctifier le peuple par leurs vètements. Ils ne se raseront pas la tête, et ne laisseront pas non plus croître leurs cheveux; mais ils devront couper leur chevelure.

21. Aucun sacrificateur ne boira du vin lorsqu'il entrera dans le parvis intérieur.

Éxode 32:3,4

3. Et tous ôtèrent les anneaux d'or qui étaient à leurs oreilles, et ils les apportèrent à Aaron.

4. Il les reçut de leurs mains, jeta l'or dans un moule, et fit un veau en fonte. Et ils dirent: Israël! voici ton dieu, qui t'a fait sortir du pays d'Égypte.

Éxode 33:6

Les enfants d'Israël se dépouillèrent de leurs ornements, en s'éloignant du mont Horeb.

1 Rois 6:21,22,28 30,32,35

22. Il couvrit d'or pur l'intérieur de la maison, et il fit passer le voile dans des chaînettes d'or devant le sanctuaire, qu'il couvrit d'or.

22. Il couvrit d'or toute la maison, la maison tout entière, et il couvrit d'or tout l'autel qui était devant le sanctuaire.

28. Salomon couvrit d'or les chérubins.

30. Il couvrit d'or le sol de la maison, à l'intérieur et à l'éxtéreiur.

32. Il y fit sculpter des chérubins, des palmes et des fleurs épanouies, et il les couvrit d'or; il étendit aussi l'or sur les chérubins et sur les palmes.

35. Il y fit sculpter des chérubins, des palmes et des fleurs épanouies, et il les couvrit d'or, qu'il étendit sur la sculpture.

1 Rois 7:45-51

45. Les cendriers, les pelles et les coupes, tous ces ustensiles que le roi Salomon fit faire à Hiram pour la maison de l'Éternel étaient d'airain poli.

47. Salomon laissa tous ces ustensiles sans vérifier le poids de l'airain, parce qu'ils étaient en très grande quantité.

48. Salomon fit encore tous les autres ustensiles pour la maison de l'Éternel: l'autel d'or, la table d'or, sur laquelle on mettait les pains de proposition;

49. les chandeliers d'or pur, cinq à droite et cinq à gauche,

devant le sanctuaire, avec les fleurs, les lampes et les mouchettes d'or;

50. les bassins, les couteaux, les coupes, les tasses et les brasiers d'or pur; et les gonds d'or pour la porte de l'intérieur de la maison à l'entrée du lieu très saint, et pour la porte de la maison à l'entrée du temple.

51. Ainsi fut achevé l'ouvrage que le roi Salomon fit pour la maison de l'Éternel. Puis il apporta l'argent, l'or et les ustensiles, que David, son père, avait consacrés, et il les mit dans les trésors de la maison de l'Éternel. 2S.8:7,11; 2 Ch.5:1

Genèse 24:47, 53

Le serviteur d'Abraham avait mis l'anneau au nez de Rébéca et des bracelets à ses mains; des objets d'argent et d'or, et des vêtements.

Genèse 31:30,32,34

Ils avaient confectionné des statues comme faux dieux.

Éxode 11:2

L'Éternel dit à Moïse: Parle au peuple pour que chacun demande à son voisin, et chacune à sa voisine des vases d'or et des vases d'argent.

Éxode 12:35,36

L'Éternel fit trouver grâce au peuple aux yeux des Égyptiens pour donner au peuple d'Israël des vases d'or et d'argent et des vêtements.

Psaume 105:37

> L'Éternel fit sortir son peuple avec de l'argent et de l'or.

Néhémie 4:16-20

16. Le peuple avait des armes: des lances, des boucliers, des arcs et des cuirasses.

17. ceux qui bâtissaient la muraille, et ceux qui portaient ou chargeaient les fardeaux, travaillaient d'une main et tenaient une arme de l'autre;

18. chacun d'eux, en travaillant, avait son épée ceinte autour des reins. Celui qui sonnait de la trompette se tenait près de moi.

23. Au son de la trompette, rassemblez-vous auprès de nous, vers le lieu d'où vous l'entendrez; notre Dieu combattra pour nous.

Néhémie 7:70-72

70. Plusieurs des chefs de famille firent des dons pour l'œuvre. Le gouverneur donna au trésor mille dariques d'or, cinquante coupes, cinq cent trente tuniques sacerdotales.

71. Les chefs de familles donnèrent au trésor de l'œuvre vingt mille dariques d'or et deux mille deux cent mines d'argent.

72. Le reste du peuple donna vingt mille dariques d'or, deux mille mines d'argent, et soixante-sept tuniques sacerdotales.

INFORMATIONS IMPORTANTES

Téstament définission: Acte par lequel on déclare ses dernières volontés et dispose de ses biens pour le temps qui suivra sa mort.

<u>Hé.9:15-17</u>

Un téstament n'est véritable qu'en cas de mort, puisqu'il n'a aucune force tant que le téstateur vit.

<u>La nouvelle alliance</u>

Hé. 8:7-13; Hé.9:11-28
La nouvelle alliance est fondée sur le sacrifice de Christ; selon l'alliance de Dieu à Abraham Ge.3:15;
Ge.18:18,19
La nouvelle alliance est définitive, et irrévocable. Elle garantit la vie éternelle à tous ceux qui croient en Jésus.
Jn.3:16,36; Mc.16:15,16; Hé.10:5-10: 2 Co.3:13-18
Ga.3:1-29
Christ suprime les premières alliances pour les remplacer par le sacrifice de son corps, donnant sa vie pour tous ceux qui croient une fois pour toutes.

Ce que la Bible enseigne sur les huit alliances

1. Alliance en Eden. Ge.2:15-17

2. Alliance avec Adam. Ge.3:15

3. Alliance avec Noé. Ge.9:11-17

4. Alliance a'ec Abram. Ge.12:2

5. Alliance du Sinaï. Ge.19:5

6. Alliance avec Israël pour la terre promise. De.30:3

7. Alliance avec David. 2S.7:16; Mt.1:1; 2 S.7:8-17;

Za.12:8; Lc.1:31-33; Ac.15:14-17; 1Co.15:24

8. Nouvelle alliance. Hé. 8:7-13

Les ordonnances et le sanctuaire de l'ancienne alliance n'étaient que des symboles. Christ supprime la première alliance. Hé.8:1-7,13; 9: 1-18; Hé.10:9' 2Co.3:14-18. Ga.3:21-29 Mais la réalité est en Christ. Hé.8:1-13
Ephésiens 2:11-20

Répétition des commandements de Dieu à la nouvelle génération.

Avertissements et exhortations.

Deutéronome 5:1-22; De.30:1-6,10,14,20.

Les conditions de la bénédiction. Conséquence

de l'obéissance aux commandements de Dieu

Lévitique 26:2-13.   Deutéronome 28:1-14
Deutéronome 29:9-15   Jérémie 7:1-7
Ézéchiel 18:9

Avertissements quant aux châtiments résultant de la désobéissance aux commandements de Dieu

Lévitique 26:14-46: La terreur, la détresse, la sécheresse, les animaux sauvages, la peste, la famine, l'exil,
la dispersion parmi les nations.

Les causes de la dispersion d'israël parmi les nations

Lévitique 26:32,33,40-46; Deutéronome 28:63-68
Daniel 9:10-14, 24-27; Daniel 11: 35
Deutéronome 29:24-29; Daniel 12:7
Deutéronome 30:1-4; Psaume 106:25-31,40-42
1 Rois 9:6-9; Ézéchiel 36:4-3; Jérémie 9: 13-16
Osée 2:16-25 Osée 9:7,17; Osée 10:1,2,8-10,13,15; Osée 13:1-16; Osée 14:1-9; Jérémie 5

Les chérubins

Les chérubins sont les chars de l'Éternel
És.66:15
Car voici, l'Éternel arrive dans un feu, et ses chars sont comme un tourbillon.

Éz 1:4-28

Au-dessus des têtes des animaux, il y avait comme un ciel de cristal resplendissant, qui s'étendait sur leurs têtes dans le haut. Au-dessus du ciel qui était sur leurs têtes il y avait quelque chose de semblable comme une pierre de saphir, en forme du trône, et sur cette forme de trône apparaissait comme une figure d'homme placée dessus en haut. Éz.2:26-28; Éz.3:12,13,23; Éz10:1,4,18,19. Il y a aussi des anges chérubins, Satan était un ange chérubin Éx.28:14

La prostituée

Mélange d'amour de Dieu et des idoles. Éaie 29:9-15; Mc.7:7-9; Mc.13:13. La grande prostituée qui est assise sur les grandes eaux: les eaux sont les peuples, les nations, les foules,et des langues.

Ap.17:1-15

Babylone la grande, la grande prostituée qui est assise sur les eaux, la mère des prostituées et des abominations de la terre. La ville qui a la royauté. C'est avec elle que les rois de la terre se sont livrés à la débauche, et de son vin que les habitants de la terre se sont enivrés. Je vis cette femme ivre du sang des saints et des témoins de Jésus. Ap.6:10; Ap.7:14; Ap.20:4

La bête est un roi ou président, les dix cornes aussi. Da.7:17, 21,22; Da.8:20-22: Le bélier avec des cornes

Babylone la grande

Babylone se présente sous 2 formes ou 2 aspects. Babylone politique, les bêtes qui sont des rois, ou présidents la domination la puissance politique mondiale: Da.2; Ap.17:15-18; Ap.18:1-24; Ap.6:10,11; Ap.7:14; Ap.20:4; Éz.38,39; la bataille d'Hamarguédon.

Et la Babylone religieuse

Ap.2:9: ceux qui se disent juifs mais qui ne le sont pas sont une synagogue de Satan "dit l'Éternel."
Ap.17:1-7,18; Ap.18:10,16,18.

L'Eglise païenne "non Juif " qui mélange l'amour de Dieu avec l'amour des idoles, et les traditions des hommes
És.6:9-16; És.29:8-13; Mt.13:13-15; Col.2:8,18.

Ésaie 29:9-15

Le Seigneur dit: quand ce peuple s'approche de moi, il m'honore de la bouche et des lèvres, mais son coeur est éloigné de moi; la crainte qu'il a pour moi n'est qu'un précèpte de tradition humaine.

Dit Jésus: Mc7:7-9,13.

Ce sont les règles de l'Église païenne, les doctrines et les traditions qui emportent sur la parole de Dieu.

Ap.17:1-7,18; Ap.18:1-24; Ap.19:2.

Le nom Babylone s'applique également à toute la puissance politique du monde païen dont Nébucadnesar fut le premier souverain.
La déstruction de Babylone à la fin des temps.

Ap.16:16

Jugement de l'Éternel sur Babylone préfigure les nations païennes. És.13:9-22; És.14:22,23,26: voilà la résolution Prise contre toute la terre.

Ap. 18:12-19

Babylone est aussi l'ésprit de débauche, puissance, de luxe, de péché, d'iniquité de corruption, de gloire d'opulence, de pl'isir. Éz.28:14. La Babylone politique détuira la Babylone religieuse ou la grande prostituée à la fin des temps. Ap.6:6-11; Ap.20:7,8 Les cornes hairont la prostituée, mangeront sa chair, la dépouilleront la metront à nu.

Ap.6:9-11; Ap.7:9-11; Ap.20:4; Ap.17:9-18. Ap.18:20.

ces quatre grands animaux, ce sont quatre rois qui s'élèveront de la terre; Je vis cette corne faire la guerre aux saints et l'emporter sur eux jusqu'au moment ou l'ancien des jours vint donner d'oit aux saints du Très-Haut, et le temps arriva, les saints furent en possession du royaume .

les saints du Très-Haut recevront le royaume éternellement. Da.7: 9-17; Ap.19:6-9; Ap.21:9-12.

L'antéchrist

L'antéchrist n'est pas une seule personne 1Jean 4;3; 2Jn.9-14; Ap.13:11-18. Leur chef se présente par un grand qui domine le monde...

666: la Bible dit que c'est un nombre d'homme, mais pas le nom d'un homme; Ap.13:18; ps.9:21.

on ne peut comprendre ces choses qu' avec l'intelligence que donne le Saint Ésprit seulement;

Car l'Ésprit sonde tout, même les profondeurs de Dieu, dit la Bible.

Le monde ne peut recevoir l'Ésprit de Dieu, dit Jésus Jn.14:17.

Séducteur, l'antéchrist

2Jean:7-11

Celui qui ne déclare pas publiquement que Jésus-Christ est venu en cha'r est le séducteur et l'antéchrist

1Jn. 2:22, 23; 1Jn. 3:4; 1Jn.4: 1-3; Ph. 3:2,3; 2Jn:7-11;
Col.2:18; Mt.24:4, 24; Ep.5:6; Mt7:15,16;
1 Co. 14:29; 1 Th.5:21; 2 Pi.2:1,2.

1 Jn.4:1,2

Tout ésprit qui ne se déclare pas publiquement pour Jésus n'est pas de Dieu, c'est celui de l'antéchrist, dont vous avez appris la venue, et qui maintenant est déja dans le monde.

LE REGNE DE JÉSUS SUR LA TERRE

<u>Jésus-Christ reviendra sur la terre à la dernière, ou septième trompette pour remplir trois fonctions</u>

1* <u>Pour engloutir ou anéantir la mort pour toujours</u>

Ésaie 25:8; 1Co.15:24-26,51-55; Ap.21:4

2* <u>Pour réssusciter les morts:les martyrs ou ceux qui ont combattu pour l'Évangile</u>

Mt.19:27-29; 1Th.4:13-17; Ap.6:9-11; Ap.7:9,13,14; Ap.20:4

3* <u>Pour prendre posséssion de son règne sur la terre pour mille ans avec les martyrs et le peuple Israël.</u> Après les mille ans ce sera le jugement dernier et l'éternité. La Septième trompette annonce le'règne de Christ: Ap.8; Ap.9; Ap.11:15-19

Retour de Jésus-Christ en gloire sur la terre.
L'établissement du royaume de Dieu sur la terre
Ap.3:12; Ap.5:9,10; Ap.7:4-17; Ap.11:15-19;
Ap.14:1-5; Ap.17:14; Ap.21:1-14; Ap.22:1-5;
Éz.28:25,26; Éz.34:24-31; Éz.36:8-38; Éz.37:21-28;
Za.8:1-8; Za.14:4-11,16-21; Mi:4:1-8 etc.

Ap11:15-19

Le septieme ange sonna de la trompette.

Et il y eut dans le ciel de fortes voix qui disaient:

le royaume du monde est remis à notre Seigneur et à son Christ; et il règnera aux sièles des siècles.

Nous te rendons grâces, Seign'ur Dieu Tout-Puissant, qui es, qui était, car tu as'saisi ta grande puissance et p'is possesion de ton règne. Mt.6:10.

L'Agneau et ses rachetés sur la montagne de Sion

Apocalypse 14:1-5

Je regardai, et voici, l'Agneau se tenait sur la montagne de Sion, et avec lui les cent quarante quatre mille personnes, qui avaient son nom et le nom de son Père écrits sur leur front Et ils chantaient un cantique nouveau devant le trône, Que personne ne pouvait apprendre si ce n'est les cent quarante quatre mille qui avaient été rachetés de la terre...

Ce sont ceux qui ne se sont pas souillés avec des femmes, car il sont vierges Ils suivaient l'Agneau partout où il va. Ils ont été rachetés d'entre les hommes, comme des prémices pour Dieu et pour l'Agneau. Et dans leur bouche il ne s'est point trouvé de mensonge, car ils sont irrépréhensibles. Da.9:24; So.3:13; Ép.5:27; 1Pi.2:9.

Éphésiens 5:27

Afin de faire paraître devant lui cette Église glorieuse, sans tâche, ni ride ni rien de semblable mais sainte et irrépréhensible Col.1:22; Ap.14'1-5; 1Pi.2:9; De'.7:6; Le.20:26 etc.

Sophonie 3:13

Le reste d'Israël ne commettront point d'iniquité, ils ne diront point de mensonges,'et il ne se trouvera pas dans leur bouche une langue trompeuse... Ép. 5: 27

Les nouveaux cieux et la nouvelle terre

Apocalypse 21:1-14

Et je vis descendre du ciel, d'auprès de Dieu, la ville sainte, la nouvelle Jérusalem, préparée comme une épouse qui s'est par'e pour son époux.

Et j'entendis du trôn' une forte voix qui disait: voici le tabernacle de Dieu avec les hommes il habitera avec eux, et ils seront son peuple, et Dieu lui-'ême sera avec eux dans la nouvelle Jérusalem. Puis un des sept anges m'adressait la parole, en disant: vient, je te montrerai l'épouse, la femme de l'Agneau. Et il'me transporta sur une grande et haute montagne. Il me montra la ville sainte, Jérusalem, qui descend'du ciel d'auprès de Dieu, ayant la gloire de Dieu Elle avait douze portes, et sur les portes douze anges et des noms écrits, ceux des douze tribus des fils d'Israël. La muraille de la ville avait douze fondements, et sur les douze fondements, les douze noms des douze apôtres de l'Agneau.

Ézéchiel 34:13,14

Je les retirerai d'entre les peuples, je les rassemblerai des diverses contrées, et je les ramènerai dans leur pays; je les ferai paître sur les montagnes d'Israël, le long des ruisseaux, et dans tous les lieux du pays.

Ézéchiel 28:25

Je les ferai paître dans un bon pâturage, et leur demeure sera sur les montagnes élevées d'Israël; là elles reposeront dans un agréable asile, et elles auront de gras pâturages
sur les montagnes d'Israël.

Ésaïe 65:9

Je ferai sortir de Jacob une postérité, et de Juda un héritier de mes montagnes. Mes élus posséderont le pays. Et mes serviteurs y habiteront.

Jérémie 23:3

Et je rassemblerai le reste de mes brebis de tous les pays où je les ai chassées. Je les ramènerai dans leur pâturage; elles seront fécondes et multiplieront.

Les 144.000 scellés du sceau de Dieu

Il est évident que ces 144.000 scellés sont des gens appartenant au peuple Hébre', car la Bible nous confirme que le Seigneur a mis à part un certain nombre de Juifs' pour les enlever au dernier moment de son retour sur la terre.

Ces serviteurs qui o't le sceau du Dieu vivant sur leur front sont remplis de l'Ésprit Saint, et ils sont protégés par l'Éternel afin que rien ne puisse leur arriver. Éz.9:4-8.

So.3:9-20; Ro.11:4,5,21; És.1:9; Éz.11:16; És.10:21,22; Ro.11:5; Ap.7:2-4; Ap.6:6; Ap.14:1-5; Ap.21:2-5,9-14,21-27.

Il y a un résidu selon l'élection de la grâce qui n'est pas asso'ié avec l'antéchrist.

Matthieu 19:27,28

Pierre, prenant alors la parole, lui (Jésus) dit: voici, no's avons tout 'uitté, et nous t'avons suivi; qu'en sera-t-il pour nous? Jésus leur répondit: Je vous le dis en vérité, 'uand le Fils de l'homme, au renouvellement de toute chose, sera assis sur le trône de sa gloire, vous qui m'avez suivi, vous serez de même assis sur'douze trônes, et vous jugerez les douze tribus d'Israël. Luc 22: 29,30; Ap. 21.

Vous êtes ceux qui avez persévéré avec moi dans mes épreuves; 2Th.3:11; 2Th.2: 9-12. C'est pourquoi je dispose du royaume en votre faveur, comme mon Père en a disposé en ma faveur, afin que vous mangiez et buviez à ma table dans mon royaume, et que vous soyez assis sur des trônes pour juge' les douze tribus d'Israël.

Apocalypse 3:1

Celui qui vaincra, je ferai de lui une col'nne dans le temple de mon Dieu, et il n'en sortira plus; j'écrirai le nom de mon Dieu, et le'nom de la ville de mon Dieu, de la nouvelle Jérusalem qui descend du ciel d'auprès de mon Dieu, et mon nom nouveau. 1Rois 7:21; Ap.22:4; Ap.21:2,10; Ep.5:27.

Apocalypse 22:3,4

Il n'y aura plus d'anathème. Le trône de Dieu et de l'Agneau sera dans la ville; ses serviteurs le serviront et verront sa face. Et son nom sera sur leur front. Ap.3:12.

Quéstions et Réponses

Les lécteurs trouveront les réponses aux quéstions suivantes, qui causent la confusion dans toutes les dénominations à travers le monde.

Apocalypse 22:18,19

Je déclare à quiconque entend les paroles de la prophétie de ce livre: Si quelqu'un y ajoute quelque chose, Dieu le frappera des fléaux décrits dans ce livre; Et si quelqu'un retranche quelque chose des paroles du livre de cette prophétie, Dieu retranchera sa part de l'arbre de la vie et de la ville sainte, décrits dans ce livre.

Psaume 115:16

Les cieux sont les cieux de l'Éternel, mais il a donné la terre aux fils de l'homme

Ap.5:9b.10

Car tu as été immmolé, et tu as racheté pour Dieu par ton sang des hommes de toute tribu, de toute langue, de tout peuple, et de toute nation;

10 Tu as fait d'eux un royaume et des sacrificateurs pour notre Dieu, et ils règneront sur la terre. Éz19:6; 1Pi.2:9; Ap.1:6.

Ézéchiel 37:11-14,21-28

12 Ainsi parle le Seigneur l'Éternel: Voici, j'ouvrirai vos sépulcres je vous ferai sortir de vos sépulcres, ô mon peuple, et je vous ramènerai dans le pays d'Israël.

13 Et vous saurez que je suis l'Éternel, lorsque j'ouvrirai vos sépulcres, et que je vous ferai sortir ô mon peuple!

14 Je mettrai mon ésprit en vous, et vous vivrez; Je vous rétablirai dans votre pays, et vous saurez que moi, l'Éternel, j'ai parlé et agi, dit l'Éternel.

25 Ils habiteront le pays que j'ai donné à mon serviteur Jacob, et qu'ont 'abité vos pères; ils y habiteront, eux leurs enfants, et les enfants de leurs enfants à perpétuité; et mon serviteur David sera leur prince pour toujours.

26 Je traîterai avec eux une alliance de paix, et il y aura une alliance éternelle avec eux. Je les établirai, je les multilplierai. Et je placerai mon sanctuaire au milieu d'eux pour toujours.

27 Ma demeure sera parmi eux; Je serai leur Dieu, et ils seront mon peuple.

28 Et les nations sauront que je suis l'Éternel, qui sanctifie Israël, lorsque mon sanctuaire sera pour toujours au milieu d'eux.

De.30:4,5;   És.11:11,12;   És.65:9;   Éz.28:25;   Jé.23:3;
Éz.34:13,14;

Mt.24:29-31; 1Co.15:52; 1Th.4:13-17; Éz.34;36;37. etc.

Jésus enverra ses anges rassembler ses élus aux quatre vents
des cieux pour les ramener dans leur pays d'Israël.

le jardin d'Eden sera replanté: É.51:3;   Éz.36:35;
Éz.34.29.

L'Église est l'ami de l'époux; Jn.2. 29.

LA VIE SUR LA TERRE PENDANT LE MILLÉNIUM AVEC JÉSUS

Jésus ramènera Israël dans leur pays, le pays de leurs pères et il y habitera pour toujours.
1Thé.4.15-17; Mt.24.29-31; És.2.2-4;
És.11.6-9,11,12; És.14.1,2; És.18.3,7; És.27.12,13;
És.60.5-22; És.62.1-12; És.65.9,10,17-25;
És.66.10-13,18-24; Éz.34.13-30; Éz. 36. 17-38;

Éz.37.12-14,21-28; Za.8.20-23; Za.12.6-9; Za.14.8-21; Ap.2.7; Ap.3,10-12; Ap.5:9,10; Ap.7.3,4,13,14; Ap.11.15-17; Ap.14.1-5; Ap.21; Ap.22.3-6,18, 19

<u>Ésaïe 18:3-7</u>

Vous tous habitants du monde, habitants de la terre voyez la bannière qui se dresse sur les montagnes, écoutez la trompette qui sonne, car ainsi m'a parlé l'Éternel: Je regarde tranquillement de ma demeure, par la chaleur brillante de la lumière, et par la vapeur de la rosée, au temps de la cha'de moisson, quand la pous'e est achevée, quand la fleur devie't un raisin qui mûrit, il coupe les sarments avec des serpes, il enlève, Il tranche les ceps…

Ils seront tous abandonnés aux oiseaux de proie des montagnes et aux bêtes de la terre; les oiseaux de proie passeront l'été sur leurs cadavres. Et les bêtes de la terre y passeront l'hiver.

En ce temps-là, des offrandes seront apportées à l'Éternel des armées, par le peuple fort et vigoureux,
par le peuple redoutable depuis qu'il existe, nation puissante et écrase tout ...
Elles seront apportées là où réside le nom de l'Éternel des armées, sur la montagne de Sion.

Ésaïe 27:12 b,13

En ce temps-là, vous serez ramassés un à un enfants d'Israël. En ce jour, on sonnera de la grande trompette, et alors reviendront ceux qui étaient exilés au pays d'Assyrie, ou fugitifs au pays d'Égypte; Et ils se prosterneront devant l'Éternel sur la montagne sainte de Jérusalem.

Ésaïe 60:10-21

Les fils de l'étranger rebâtiront tes murs, et leurs rois seront tes serviteurs. Tes portes seront toujours ouvertes, elles ne seront jamais fermées, ni jour ni nuit afin de laisser entrer chez toi les trésors des nations, et leurs rois avec leurs suites.

Car la nation et le royaume qui ne te serviront pas périront, ces nations-là seront exterminées.

Je ferai de toi un ornement pour toujours, un sujet de joie de génération en génération.

on'n'entendra'plus parler de violence dans to' pays, ni de ravage et ruine dans ton territoire; Tu donneras à tes murs le nom de salut; et à tes portes celui de gloire.

Ce ne sera ni le soleil qui te servira de lumière pendant le jour, ni la lune qui t'éclairera de sa lueur, mais l'Éternel sera ta lumière à toujours, ton Dieu sera ta gloire. Il n'y aura plus que des justes parmi ton peuple, ils posséderont à toujours le pays; le plus petit deviendra un millier, et le moindre une nation puissante. Moi l'Éternel je hâterai ces choses en leur temps

Le pays de Juda ravagé, Babylone détruite, et Jérusalem restaurée.

Ésaïe 24:14- 23

Ils élèvent leur voix, ils poussent des cris d'allégresse des bords de la'mer, ils célébreront la majesté de l'Éternel. Glorifie l'Éternel dans les lieux où brille la lumière, *le nom de l'Éternel, Dieu d'Israël dans les îles de la mer! de l'extrémité de la terre nous entendons chanter: gloire au juste.*

La terreur, la fosse, et le filet, sont sur toi, habitant du pays! Celui qui fuit devant les cris de terreur tombe dans la fosse, et celui qui remonte de la fosse prend au filet; car les écluses d'en haut s'o'rent, et les fondements de la terre sont ébranlés. La terre est déchirée, la terre se brise, la terre chancelle. Elle chancelle comme un homme ivre, elle vacille comme une cabane; son péché pèse sur elle, la terre chancelle. En ce temps-là, l'Éternel châtiera dans le ciel l'armée d'en haut, et sur la terre les rois de la terre…

La lune sera couverte de honte, et le soleil de confusion: *car l'Éernel des armées régnera sur la montagne de Sion et à Jérusalem, resplendissant de gloire en présence de Ses Anciens.*

Apocalypse 7:3,4

Ne faites point de mal à la terre, ni à la mer, ni aux arbres jusqu'à ce que nous ayions marqué du sceau le front des serviteurs de notre Dieu. Ap.9:4; Éz.9:4; et j'entendis le nombre de ceux qui avaient été marqués du sceau, cent quarante quatre mille, de toutes les tribus d'Israël. Ap.14; 1-5.

Le reste d'Israël

Sof.3:9-20; És.1:9; Ro.11:4,5,26,28; Ro.9:27; És.4.2,2; És.10:22-27; Éz.6:8; Éz.11:16,17; Jé.31; Za.14:2; Mi.5:6,7; Mc.13:20; 2 Co.11:2; Ap.3:12; Ap.21:12,14; Ap.22:3,4.

La grande foule sauvée après la grande tribulation

Apocalypse 7: 9-17

Après cela, je regardai, et voici, <u>une foule, que personne ne peut compter, de toute nation, de toute tribu, de tout peuple, et de toute langue.</u>

Ils se te'aient devant le trône et devant l'Agneau, revêtus de robes blanches, et des palmes dans leurs mains.

Ils criaient d'une voix forte, en disant: Le salut est à notre Dieu qui est assis sur le trône, et à l'Agneau. Et tous les anges se tenaient autour du trône et des vieillards et des quatre êtres vivants; et ils se prostènerent sur leur face devant le trône, et ils adorèrent Dieu en disant: Amen! la louange, la gloire, la sagesse, l'action de grâce, l'honneur, la puissance, et la force, soient à notre Dieu, aux siècles des siècles! Amen!

Et l'un des vieillards prit la parole et me dit: ceux qui sont revêtus de robes blanches, qui sont ils, et d'oû sont ils venus? Je dis lui dis: mon seigneur tu le sais, et il me dit: *ce sont ceux qui viennent de la grande tribulation; ils ont lavé leur robes, et ils les ont blanchies dans le sang de l'Agneau* C'est pour cela qu'ils sont devant le trône de Dieu, et le servent jour et nuit dans le temple. Celui qui est assis sur le trône dressera sa tente sur eux; Ils n'auront plus faim, ils n'auront plus soif, et le soleil ne les frappera point, ni aucune chaleur. És.49;10; Ps.121:6 Car l'Agneau qui est au milieu du trône les paîtra et les conduira aux sources des eaux de la vie, et

Dieu essuiera toute larme de leurs yeux. Ps. 23:1; És.25: 8; Ap.21: 4-6

Apocalypse 9:4

Il leur fut dit de ne point faire du mal à l'herbe de la terre, ni à aucune verdure, ni à aucun arbre, mais seulement aux hommes qui n'avaient pas le sceau de Dieu sur le front.
Ap.6:6b,10,11; Éz:9:4,6; Ap.7:4.

Zacharie 14:6-21

L'Éternel sera roi de toute la terre; en ce jour-là, l'Éternel sera le seul Éternel. Tout le pays deviendra comme la plaine de Gueba…Et Jérusalem sera élevée et restera à sa place à Jérusalem…

On habitera dans son sein, et il n'y aura plus d'interdit Jérusalem sera en sécurité. S'il y a des familles de la terre qui ne montent pas à Jérusalem pour se prosterner devant le roi, l'Éternel des armées, la pluie ne tombera sur elle.

Si la famille d'Égypte ne monte pas, si elle ne vient pas, la pluie ne tombera pas sur elle; elle sera frappée de la plaie dont l'Éternel frappera les nations qui ne montent pas pour célébrer la fête des tabernacles. Ce sera le châtiment de l'Égypte, le châtiment de toutes les nations qui ne monteront pas pour célébrer la fête des tabernacles. És.4:3; Ap.21:27.

Toutes chaudière à Jérusalem et dans Juda sera consacrée à l'Éternel des armées; tous ceux qui offriront des sacrifices viendront et s'en serviront pour cuire les viandes. Il n'y aura plus de marchand dans la maison de des armées en ce jour-là.

Ésaïe 25:6-10

L'Éternel des armées préparera à tous les peuples, sur cette montagne, un festin de mets succulents, un festin de vins vieux, de mets succulents, pleins de moelle de vins vieux, clarifiés. Et sur cette montagne, il anéantit le voile qui voile tous les peuples, la couverture qui couvre toutes les nations. Il anéantira la mort pour toujours;

Le Seigneur, l'Éternel essuie les larmes de tous les visages, il fait disparaître de la terre l'opprobre de son peuple;

Car l'Éternel a parlé.

En ce jour l'on dira: c'est notre Dieu qui nous sauve, soyons dans l'allégresse, et réjouissons-nous de son salut! Car la main de l'Éternel repose sur cette montagne.

La septième trompette

Apocalypse 11:15,17,18

Le septième ange sonna de la trompette. Et il y eut dans le ciel de fortes voix qui disent:

Le royaume du monde 'st remis à notre Seigneur et à son Christ: et il régnera aux siècles des siècles.

Nous te rendons grâces, Seigneur Dieu tout-puissant, qui es, et qui étais, de ce que tu as saisi ta grande puissance et pris possession de ton règne. Ap.1.4,8;16,5. Les nations se sont irritées; et ta colère est venue, et le temps est venu de juger les morts, de récompenser tes serviteurs les prophètes, les saints et ceux qui craignent ton nom, les petits et les grands, et de détruire ceux qui détruisent la terre. Et le temple de Dieu dans le ciel fut ouvert , et l'arche de son alliance apparut dans son temple. Et il y eut des éclairs, des voix des tonnerres, un tremblement de terre, et une forte grêle.

Ézéchiel 34:23-31

L'Éternel traitera une alliance de paix avec les enfants d'Israël. Il disparaîtra les animaux sauvages. Le peuple habitera en sécurité. *J'établirai pour elle une plantation qui aura du renom* ... Et elles sauront que moi, l'Éternel, leur Dieu, je suis avec elles, et qu'elles sont mon peuple, elles maison d'Israël ; dit le Seigneur, l'Éternel.

Jérémie 32:41,42

Je prendrai plaisir à leur faire du bien, et je les planterai véritablement dans le pays de tout cœur et de toute mon âme...

Question # 2

Où était Satan avant sa chute? Quel était son plan? Quelle était son ambition? son résultat?

Réponse

Ézéchiel 28:2,13,14,16

Satan était en Eden, le jardin de Dieu, sur la sainte montagne de Dieu.

2b. Ainssi parle le Seigneur, l'Éternel:

Ton cœur est s'élevé, et tu as dit: Je suis Dieu, je suis a'sis sur le siège de Dieu, au sein des mers! Toi, 'u es homme et non Dieu, 't tu prends ta volonté pour la volonté de Dieu.

13. Tu étais couvert de toute espèces de pierres précieuses… Tes tambourins et tes flutes étaient à ton service préparés pour le jour où tu fut créé.

14. Tu étais un chérubin protécteur aux ailes déployées *JE T'AVAIS PLACÉ ET TU ÉTAIS SUR LA SAINTE*

MONTAGNE DE DIEU; Tu marchais au milieu des pierres
étincelantes. Tu étais intègre dans tes voies, depuis le jour où tu
fus créé jusqu'à celui où l'iniquité a été trouvée chez toi.

Je te précipite de la montagne de Dieu, et je te fais disparaître,
chérubin protécteur. Du milieu des pierres étincelantes. Ton
coeur s'est élevé à cause de ta beauté, tu as corrompu ta sagesse
par ton éclat, je te jètte par terre.

Ésaïe 14:13-15

Tu "Satan" *disais en ton coeur: Je monterai au ciel. J'élèverai*
mon trône au dessus des étoiles de Dieu;

Je m'assierai sur la montagne de l'assemblée...

Je monterai sur le sommet des nues, Je serai semblable auTrès-
Haut

Quéstion # 3

Quelle différence y-a-t- il entre le plan de Satan et de ceux
qui éspèrent monter au ciel, d'après Ésaïe 14:13,14?

Réponse

Ésaïe 14.13,14

Satan disait en son coeur: je monterai au ciel, j'élèverai
mon trône au-dessus des étoiles de Dieu. Je m'assiérai sur la
montagne de l'assemblée du Septentrion. Je serai semblable au
Très-Haut, mais il a été précipité par terre, de la montagne de
Dieu. Éz.28:2,17; És.14:9-14.

Ézéchiel 28:13,14

Je t'avais placé et tu étais sur la sainte montagne de Dieu Je
te précipite de la montagne de Dieu, je te jette par terre.

Genèse 3:4,5, 23

Satan faisait croire à l'homme qu'il serait comme des dieux, après avoir mangé du fruit de l'arbre défendu. Ainsi l'homme voulait devenir comme dieu, il obéissait au serpent; il devint l'ennemi de Dieu.

Maintenant il dit, qu'il éspère monter au ciel pour y habiter et qu'il est l'épouse de l'Agneau, puis il redescendra dans la nouvelle Jérusalem dans la gloire de Dieu sur la sainte montagne de Dieu, Qui est le royaume de Dieu sur la terre, le tabernacle de Dieu, son sanctuaire. Ap.21:2,3; Za.8.2,3; Za.14; Mi.4 etc. là où Il régnera avec l'Agneau et son épouse. Ap.14.1-5. Ap.21.9,10,12,14; Ez.37.28; Za.8.2,3;

Mais après le jugement de Dieu, quiconque ne fut pas trouvé écrit dans le livre de vie fut jeté dans l'étang de feu. Ge.3.19; Ap.20:10,12,15.

Romains 3,23

Car tous ont péché et sont privés de la gloire de Dieu; Ro.5:12; Ro.6:23. éxcépter les prémi'es de la terre. Éz.9:4; Ap.6:6; Ap.14:1-5.

Romains 6.23

Car le salaire du péché, c'est la mort; mais le don gratuit de Dieu c'est La vie éternelle en Jésus-Christ notre Seigneur. Ro.3.24,25; És.53.5; Ro.4.25; 1Pi.2.24

Psaume 115:16

Les cieux sont les cieux de Dieu, il a donné la terre aux fils des hommes.

Ézéchiel 37: 28

Et les nations sauront que je suis l'Éternel, qui sanctifie Israël, lorsque mon sanctuaire sera pour toujours au milieu d'eux. Ap.21:3, 24,26; Ap.22:3.

Apocalypse 7: 9,13,14

Après cela …

Et voici il y avait une grande foule, que personne ne pouvait compter, de toute nation, de toute tribu, de tout peuple, et de toute langue. Ils se tenaient devant le trône et devant l'Agneau, revêtus de robes blanches, et des palmes dans leurs mains Et l'un des vieillards prit la parole et me dit:

ceux qui sont revêtus de robes blanches, qui sont-ils, et d'où sont-ils venus? Je lui dit : Mon Seigneur, tu le sais.

Et il me dit: *CE SONT CEUX QUI VIENNENT DE LA GRANDE TRIBULATION.*

Ésaïe 13:6-16

Je punirai le monde pour sa malice, et les méchants pour leurs iniquités; je ferai cesser l'orgueil des hautains, et j'abattrai l'arrogance des tyrans..

C'est pourquoi j'ébranlerai les cieux, et la terre sera secouée sur sa base, par la colère de l'Éternel des armées au jour de son ardente fureur. Tous ceux qu'on trouvera seront percés. Et tous ceux qu'on saisira tomberont par l'épée. Le'rs enf'nts seront écrasés sous leurs yeux, leurs maisons seront pillées, et leurs femmes violées.

D'après ces versets nous pouvons voir, que tous ceux qui seront sur la terre avec Jésus pendant le millénium seront des morts ressuscités. Il n'y en a aucun qui parle des chrétiens qui étaient enlevés, ou qui sont au ciel, ou qui rev'naient du ciel.

Ézéchiel 9:4-6

L'Éternel dit de tuer tout le monde excepté ceux qui ont la marque de Dieu sur eux. Ap.7:3,4; Ap.14:1-5 Ils sont des prémices pour Dieu et pour l'Agneau.

Apocalypse 13:7

Et il lui fut donné de faire la guerre aux saints, et de les vaincre. Et il lui fut donné autorité sur toute tribu, tout peuple, toute langue, et toute nation; éxceptr ceux qui ont le sceau de Dieu sur eux qui sont les cent quarante quatre 'ille. É.9:4-6; Ap.14.1-5; Ap.6:6b; Ap.7.3,4; Ap.9.4; So.3.13; Ap.21:12,14.

Quéstion # 4

Qui est l'épouse de l'Agneau?

Réponse

Osée 2,18, 21,22

En ce jour-là' dit l'Éternel, *tu m'appelleras: mon mari!* Et tu ne m'appelleras plus: mon maître!

Je serai ton fiancé pour toujours; je serai ton fiancé par la justice, la droiture, la grâce et la miséricorde. Je serai ton fiancé par la fidélité...

Ésaïe 54: 5, 6

Car ton créateur est ton époux; L'Éternel des armées est son nom; et ton rédempteur est le Saint d'Israël; Il se nomme Dieu de toute la terre.

Ésaïe 62:1-7

Pour l'amour de Sion je ne me tairai point, pour l'amour de Jérusalem je ne prendrai point de repos, jusqu'à ce que son salut paraisse, comme l'aurore, et sa délivrance, comme un flambeau qui s'allume.

Alors les nations verront ton salut, et tous les rois ta gloire; et l'on t'appellera d'un nom nouveau, que la bouche de l'Éternel déterminera.

Tu seras une couronne éclatante dans la main de l'Éternel, un turban royal dans la main de ton Dieu...On t'appellera mon plaisir en elle, *et l'on appellera ta terre: épouse*; car l'Éternel met son plaisir en toi, *et ta t'rre aura un époux.* et comme un jeune homme s'unit à une vierge, ainsi tes fils s'uniront à toi; et comme la fiancée fait la joie de son fiancé, ainsi *tu feras la joie de ton Dieu sur la terre.*

Apocalypse 21:2,9,10,12,14

Et je vis descendre du ciel, d'auprès de Dieu, la ville sainte, la nouvelle Jérusalem, préparée comme une épouse qui s'est préparée pour son époux... Puis l'un des sept anges m'adressa la parole en disant: viens, je vais te montrer l'épouse, la femme de l'Agneau. Ap.15.6,7 il me transporta en ésprit sur une grande montagne. Et il me montra la ville sainte, Jérusalem, qui descendait du ciel d'auprès de Dieu...

Elle avait une grande et haute muraille. Elle avait douze portes, et sur les portes douze anges, et des noms écrits,

Ceux des douze tribus des fils d'Israël;

la muraille de la ville avait douze fondements, et sur eux les noms des douze apôtres de l'Agneau. Ép.2:20

L'enlèvement

Jean 14:2,3

> Il y a plusieurs demeures dans la maison de mon Père.
> Si cela n'était pas, je vous l'aurais dit. Je vais vous préparer
> une place, je reviendrai, je vous prendrai avec moi,
> afin que là où je suis vous y soyez aussi.
> 1Th.4.15-17; Mt.24.29-31; Jn.12.26; Mt.19.28;
> Jn.17.24; Ro.8.17; Ph.4.3; 1Pi.4.13; Ap.2.7,17; Ap.3.5;
> Ap.5.9,10; Ap.6.11; Ap.14.1-5; Ap.17: 8; Ap.21.1-7,
> 10,12,14; Ap. 22:1-5.

Matthieu 24:30,31,33

Et alors paraîtra le signe du Fils de l'homme dans le ciel. Et toutes les tribus de la terre se lamenteront et ils verront le Fils de l'homme venant sur les nuées du ciel avec puissance et une grande gloire. Il enverra ses anges avec la trompette retentissante, et ils rassembleront ses élus des quatre vents, depuis une extrémité des cieux jusqu'à l'autre...De.30:4,5; Éz.36:24-36; Éz.37:12-14,21-28; És.11:11,12; Éz.11:16-20.

De même, quand vous verrez ces choses sachez que le Fils de l'homme est proche, à la porte.

Selon'sa promesse, il vient enlever ses élus' un résidu qui s'envole vers lui dans les nues, vers les cieux; c'est à dire qu'il viendra chercher les 144.000 Juifs qu'il a scellé' de son sceau.

Ceux qui étaient réstés pour l'avènement du Seigneur. Éz.9:4-6; 1Co.15:51; 1Th.4:15-17; Ap.14:1-5; Ap.6.6b; Ap.7.4.

Ainsi, l'enlèvement des f'ls d'Israël aura lieu lorsque Jésus reviendra conclure son jugement, au dernier sceau, de l'Apocalyp'e à la dernière ou septième trompette.

Ésaïe 65:9

Je ferai sortir de Jacob une postérité, et de Juda un héritier de mes montagnes; *Mes élus posséderont le pays, et mes serviteurs y habiteront.*

Ézéchiel 11:16,17

C'est pourquoi tu diras: Ainsi parle le Seigneur, l'Éternel: Si je les tiens éloignés en divers pays, je serai pour eux quelque temps un asile dans le pays du milieu des peuples. *Je vous recueillerai des pays où vous êtes dispersés, et je vous donnerai la terre d'Israël*

Ézéchiel 34:13,14

Je les retirerai d'entre les peuples, je les rassemblerai des diverses contrées. Et je les ramènerai dans leur pays; je les ferai paître sur les montagnes d'Isra'l, le long des ruisseaux, et dans tous les lieux habités du pays. Je les ferai paître dans un bon pâturage, *et leur demeure sera sur les montagnes élevées d'Israël; là elles reposeront dans un agréable asile, Et elles auront de gras pâturages sur les montagnes d'Israël.*

Jean 17: 24

Père, je veux que là où je suis, ceux que tu m'as donnés soient aussi avec moi afin qu'ils voient ma gloire, la gloire que tu m'as donnée, parce que tu m'as aimé avant la fondation du monde. Jn.14:2,3; 1Th4:13-16; Ap14:1-5;
1Co.15:51,52
Voici, je vous dis un mystère: nous ne mourrons pas tous, mais tous nous serons changés en un clin d'œil.
à la dernière trompette. La trompette sonnera, et les morts réssusciteront incorruptibles et nous, nous serons changés ainsi nous serons toujours avec le Seigneur...

1 Thessaloniciens 4:15,16,17

Voici, en effet, ce que nous vous déclarons d'après la parole du Seigneur: *nous les vivants, réstés pour l'avènement du Seigneur, nous* ne devancerons pas ceux qui sont morts. Car le Seigneur lui-même, à un signal donné, à la voix d'un archange, et au son de la trompette de Dieu, descendra du ciel, et les mort' en Christ ressusciteront premièrement. Mt.19:28; Mt.24:31; 2 Th.1:7; Ap.20: 4-6.

Ensuite, *nous les vivants, qui sont résté:* Éz.9:4-6; Ap.6:6; Ap.7:3.4; Ap.14:1-5 nous serons tous ensemble enlevés avec eux sur des nuées, à la rencontre du Seigneur dans les airs, et ainsi, nous serons toujours avec le Seigneur. És.61:4,5; És.62:1-4; Éz.37:21-28; Ap.5:9,10; Ap.7.4; p.14:1-5; Ap.21; Ap.22.

Ap.20:4-6

Dernière phase de la première résurrection

Et je vis des trônes; et à ceux qui s'y sssirent fut donné le pouvoir de juger. Et je vis les

âmes de ceux qui avaient été décapités à cause du témoignage de Jésus et à cause de la parole de Dieu, et de ceux qui n'avaient pas adoré la bète ni son image, et qui n'avaient pas reçu la marque sur leur front et sur leur main. Ils revinrent à la vie, et ils règnerent avec Christ pendant mille ans.

Les autres morts ne revinrent point à la vie jusqu'à ce les mille ans soient accomplis, c'est la première résurrection.

Chers amis, le Seigneur Dieu vous donne la chance de vous repentir saisissez la, car les jours sont mauvais.

Personne ne sait combien de jours qu'ils lui restent à vivre; Réfléchichez chèrs amis, si aujourd'hui serait votre dernier jour, quelle serait votre déstination éternelle?

serait-t-il en enfer d'après Mt.25:41; Luc 16:22-29; És.66:23,24; Marc 9:43-48; Ép.5:5; 2Th.1:8,9; Ap.20:13.14;

Ap.21:8; Ap.22:15? dit Jésus;

ou la vie éternelle, en acceptant le sacrifice du sang de Jésus, pour payer la dette de vos péchés? Jn.3:16.

Quelqu'un peut demander: pourquoi Dieu enverrait-il ses enfants en enfer?

mais il faut savoir que tous ne sont pas les enfants de Dieu, mais seulement ceux qui font la volonté de Dieu, en acceptant son Fils Jésus comme sauveur personnel, ainsi il devient son enfant d'adoption en Jésus comme il a promis à Abraham Ge.12:3; Jn.1:12,13; Gal.3:8,9,14,16.

Mais celui qui n'accepte pas Jésus se fait ennemi de Dieu, il ne verra pas la vie, mais la colère de Dieu demeure sur lui. Jn.3:36; Jn.12:46-48.

Celui qui n'a pas Christ n'a point Dieu, car il préfère les ténèbres à la lumière, ainsi l'enfer est le résultat de leur choix. Mc.16:16; Jn.:16,36; 2Th.1:8,9.

Le Seigneur, l'Éternel a mis devant vous la vie éternelle, Jn.3:16;

et la ruine éternelle loin de la face du Seigneur, à ceux qui n'obéissent pas à l'Évangile de notre Seigneur Jésus. 2Th.1:8,9. És.66:23,24 étc.

choisissez la vie, afin de jouir le bonheur de la vie éternelle en Jésus. Car c'en est bien la volonté de Dieu, et son plan pour l'humanité.

Acceptez Jésus comme votre sauveur aujourd'hui pendant qu'il en est temps.

Heureux celui qui lit et ceux qui entendent les paroles de

la prophétie, et qui gardent les choses qui y sont écrites ! car le temps est proche. Ap. 1:3

Ce livre est aussi en Anglais titrè: Bible Truths Revealed The Return of Christ, il est aussi sur CD en Français et Crèole: Les Secrets Dévoilés de la Bible.

Le désir de mon cœur est de les utiliser pour aider à n'importe qu'elle organisation qui propage l'Évangile de Christ, pour relever des fonds à ceux qui ont besoin d'aide, à faire l'école du Dimanche, et étude biblique.

Je cherche aussi des partenaires pour les traduire en d'autres langues.

Ceux qui voudraient participer à cette mission que Jésus me confie, Le Ministère de la Vérié Biblique peuvent me contacter à ces addresses:

Roseline Gaston Rabouin

P.O.Box 120643

Fort-Lauderdale, 33312

Tél: 954-804-1299

Facebook:bibletruthsrevealed

Email: knowingyourbible@live.com

Youtube: bibletruthsrevealedbyroseline

Que la grâce du Seigneur Jésus-Christ, l'amour de Dieu le Père et la communion du Saint-Esprit, soient avec vous tous.

La servante du Seigneur Jésus et la vôtre

Roseline Gaston Rabouin